學習力開外掛

精準學習！學霸都在用的 41 項法則，

打造高效率讀書心法

林裕祥，屠強 著

揭示學霸們的 41 項精準學習法則，幫你打造超高效率的學習法

基礎技巧、高效學習策略，深入了解學習力的核心！

培養積極學習心態、鞏固知識的方法和技巧，

讓你在學業和職場中無往不利、學以致用！

Precision learning

精準學習

學霸都在用的 41 項法則，打造高效率讀書心法

目錄

第一章　合理安排學習時間

第二章　掌握高效學習方法

第三章　善於利用輔助工具

精準學習

學霸都在用的 41 項法則，打造高效率讀書心法

第一章　合理安排學習時間

養成守時好習慣的十妙招

守時是一種好習慣，也是一種美德。有這樣一個守時的小故事：

有一天，德國著名的哲學家康德打算去一座小鎮拜訪他的一位好朋友。於是，他就提前寫信給了將要去拜訪的這位老朋友，告訴朋友自己將會在四月十五日上午十一點鐘之前到達那裡。為了能夠在約定的時間到達，康德就提前一天來到了小鎮，到了四月十五日一早，康德又租了一輛馬車，向著老朋友家裡出發。

從小鎮到朋友的家，中間隔著一條河，誰也沒有想到，河上的橋居然壞了，康德只好從馬車上下來，他又看了看斷裂的橋，他知道確實不能過橋了。而這個時候正值初春時節，河雖然不寬，但是河水卻非常的深。

而康德又看了看手錶，已經十點多了，於是他很是焦急的問車夫：「在這附近還有沒有別的橋？」車夫回答說：「有，不過離這裡大概有六英里。」康德接著問道：「那如果現在我們從那座橋上過去，需要多長時間能夠到達我朋友的住所？」車夫回答：「最快也得四十分鐘。」這樣的話康德先生就趕不上約好的時間了。

如果走那裡，康德快速來到附近的一座破舊的農舍旁邊，對主人說：「請問您這間房子肯不肯出售？」農婦聽了他的話，很吃驚的說：「我的房子又破又舊，而且地點也不好，你買這座房子做什麼？」「你不用管我有什麼用，你只需要告訴我你到底願不願意賣？」「當然願意，二百法郎就可以了。」於是，就這樣，康德毫不猶豫的付了錢，並且還對這位農婦說：「如果您能夠從房子上拆掉一些木頭，而且在二十分鐘內就修好這座橋，那麼我就把房子還給你。」

農婦聽完之後再一次感到很是吃驚，但是她還是把自己的兒子叫來，並且及時的修好了那座橋。

就這樣，馬車最終平安的過了橋。在十點五十分的時候，康德準時來到了老朋友的家門前。而一直等候在家門口的老朋友看到康德準時來了，非常高興的說：「親愛的朋友，你還是像從前一樣準時啊。」

後來，老朋友從那位農婦那裡知道了這件事的始末，於是專門寫信給康德：「老朋友之間的約會，即便是晚了一些也是可以理解的，更何況你還是遇到了意外。」

但是一直以來，康德卻始終堅持認為守時這才是做人的最基本道德規範，而且是必須遵守的，不管是對老朋友還是一位陌生人。

懂得珍惜時間的人，不僅不浪費自己的時間，也時刻注意不白白浪費別人的時間。

懶惰和拖拉的習慣並不是完全不變的，而你則可以透過努力養成守時的好習慣。如何養成守時的好習慣呢？

第一，承認自己有不守時的毛病。

如果你不承認，就不可能改掉這個毛病。

第二，培養對待時間的敏感度。

你完全可以戴上一塊時間非常準確的手錶。很多人總是認為把時間調的稍微快一點，可以幫助我們來守時。其實，如果你的錶本身不準，那麼你就會和你的錶一起變得不準。你還可以在每一個房間裡面都放置一個鐘，因為在沒有提示的情況是非常容易忘記時間的。

第三，該起床時就起床。

可以使用鬧鐘提醒你起床，不要總是賴床不起，也不要一醒來就只知道看電視。如果不按時起床，那麼你的這一整天可能都會籠罩在不守時的陰影當中。

第四，養成做任何事情都提前十五分鐘的好習慣。

第五，重新檢查一下你的日常工作需要花費多少時間。

第六，特意留意一下自己在什麼事情上最容易浪費時間。

第七，記錄一下在什麼場合需要注意時間。

第八，讓生活有條理。

生活沒有條理是非常容易耽誤時間的。

第九，提前計劃。

一定要能夠分清楚什麼是重要的事情，什麼是不重要的事情。假如你晚上有一個重要的會面，那麼你就需要提前進行安排，在這之前你可以安排一個時間不太長，而且不是太重要的事情，這樣一來，你就不會因為一件重要的事情而耽誤了另一件。還有就是今天就應該準備好明天要穿的衣服。假如你要去一些不熟悉的地方，則應該事先準備好地圖。

第十，按時睡覺。

只有按時睡覺，才能夠讓起床變得更加容易。

根據生理時鐘安排學習時間

每個人的身體內部都有一個生理時鐘，要想使時間利用得巧妙，利用得心應手，就要順應生理時鐘。

費佳現在是一名國三的學生，他每次在考試之前都非常喜歡「開夜車」，可是即使這樣努力了，費佳的學習成績還是難以提高，並且學習精力也越來越不好，身體也漸漸變差了，上課更是無法集中精神。

費佳的媽媽實在沒有辦法了，就帶著費佳去醫院檢查身體，當醫生得知費佳喜歡熬夜的學習習慣之後，告訴費佳的媽媽說：「費佳之所以會有這樣情況，是因為腦細胞在疲勞狀態下的工作效率會變得非常低，而且熬夜很容易影響到第二天的精神狀態，這樣在課堂上聽課的效果不好，到頭來還需要花費更多的時間進行複習，甚至更嚴重的是，熬夜很容易打亂人體的生理時鐘，讓人體的激素分泌紊亂，大腦皮層功能減退。」最後，醫生建議費佳一定要按時作息，盡量減少熬夜，最好能夠做到不熬夜。

其實，對於大多數的學生來說，如果能夠在白天高效利用時間的話，那麼是根本沒有熬夜的必要性。

在我們的人體內有著一百多個生理時鐘，它們起著協調人體正常運轉的作用。這些生理時鐘是運轉的非常精確的。可能你曾經也有過這樣的感覺：到了某一個時間，肚子就開始咕咕叫起來了；每天的某幾個時段，你可能會感到非常的疲倦，哪怕你前一天晚上睡得非常好也一樣；每天在某個時間段，你可能怎麼也睡不著了，最後只好起床……其實這些行為背後的指引力量就是生理時鐘。

可見，我們不管做什麼事情，都不應該與生理時鐘唱反調。如果你與生理時鐘唱反調，那麼就相當於是用雞蛋去碰石頭。它對於你的影響將是全方面的，例如你的身體健康、精神狀態、學習效率等。

這樣說並不是要你完完全全、一成不變、循規蹈矩的按生理時鐘去生活。這種理想的生活雖然很好，但卻是不可能實現的。因為日常生活當中經常會有許多意外的事情發生。而這些在預料之外的事情肯定會讓我們花費更多的額外時間去應對，而你的生理時鐘也就會因此被破壞。在這樣的情況下，逆生理時鐘行事就變得迫不得已了。

根據生理時鐘安排學習時間

其實，引發問題的關鍵並不在於偶爾的破壞，只要你不經常逆生理時鐘而行，那麼就對身體各方面的影響不大。但是我們不能夠總是隨意逆之。因為大家都知道，大腦皮層調節著人體的各種生理活動，而它的基本活動方式其實就是條件的反射。

當人的某種活動一旦變成了習慣，那麼便會產生一種「預見性」和「適應性」，而這對於保健和提高工作效率都是非常有利的。一個有良好生活習慣的人，他們往往是精力旺盛、很少生病，但是像那些整天熬通宵，隔天又睡懶覺的人，則可能看上去是終日萎靡不振的。

有一些同學總是喜歡在考試之前「開夜車」，可是這樣的做法不僅難以提高學習效率，而且對健康很不利。因為腦細胞在疲勞的狀態下，工作效率是非常低的，而且「開夜車」也會在很大的程度上影響到第二天的精神狀況，對於第二天的課堂上聽課效果也會產生影響，反而會讓學生花費更多的時間進行複習。

除此之外，「開夜車」還會打亂人體的生理時鐘，導致人體的激素分泌紊亂，大腦皮層功能減退。因此，我們一定要按時作息，盡量減少熬夜，甚至是不熬夜。其實，如果能夠在白天高效利用時間的話，是完全沒有熬夜的必要的。

生理時鐘在我們的生活當中起著既重要、又很微妙的調節作用。如果你能夠按照生理時鐘的特點進行學習和生活計畫的安排，那麼自然是能夠獲得高效率。因此，讓我們了解一下生理時鐘的特點就顯得很有必要了。

從半夜到淩晨四點，這個時候人體溫度最低，大部分的器官功能是處於最低潮，這是睡眠的最好時段。

早上六點到七點，體溫漸漸上升，心率逐漸加快，腎上的腺激素分泌自然就達到了高潮，這個時候就應該盡快起床。

早上九點左右，痛感最不靈敏，而這一時間段對於需要進行手術的病人來說是最好的時間段。

早上九點到十點，注意力和記憶力此一時間段將達到高峰，非常適合用於學習和工作。

下午一點到二點，這個時候幾乎所有的人都會感到困倦，應該進行適當的午睡休息。

根據生理時鐘安排學習時間

下午三點，性格外向的人在這一時間段分析力和創造力將達到高峰。而性格內向的人這個時間分析創造能力都處於下降階段。

下午五點，味覺、嗅覺變得比較敏銳，可以說是吃晚餐的最佳時間。

晚上七點，激素發生變化，血壓開始升高，情緒此時變得不太穩定，所以切忌這一時間段不要討論尖銳的話題，避免引起不必要的爭執。

晚上十點之後，體溫開始下降，心率逐漸降低，身體各功能開始處於低潮，這個時候是進入睡眠的最佳時間。

教你利用零碎時間

你有時是不是有這樣的感覺：每天從早到晚都是忙忙碌碌的，而且還沒有做出什麼像樣的事情。如果你想用多一點的時間在自己的學習上面，那麼就不要被一些瑣碎的事情所困擾，因而難以靜下心去學習。看來我們得改變方式了，充分利用一些零碎時間學習，慢慢累積，長期堅持是很有效果的。

其實，在我們的生活當中還是有很多零碎的時間是可以好好被利用的，如果你能夠做到化零為整，那麼學習和生活將會更加輕鬆而充實。有時候，我們在一天之中會遇到很多事情，但是，如果我們能夠把這些事情放入自己的行事曆當中，那麼你就會發現還是會存在一些零碎的時間供你使用。而我們很多人都會忽略這樣的時間。零碎的時間雖短，但是如果你能夠日復一日的積攢起來，那麼成效也是相當可觀的。

凡是那些事業上取得成就的人，他們幾乎都是善於利用零碎時間的高手。他們懂得把時間積零為整，精心利用，而這正是古今中外很多取得成就的科學家獲得成功的妙招之一。

教你利用零碎時間

著名科學家雷曼（諾貝爾獎獲得者）的體會非常深刻，他說：「每天不浪費剩餘的那一點時間，即使只有五、六分鐘，如果利用起來，也一樣可以產生很大的價值。」我們或許經常感到時間緊迫，根本沒有時間做許多重要的事，其實這不過是找藉口罷了。

三國時期的董遇是一個非常有學問的人，當時前去找他求學的人有很多，但是他總是對向他求學的人先要求「讀書百遍，其義自見。」

而當求學者抱怨說「沒有時間」的時候，他則會回答說：「當以『三餘』，即『冬者歲之餘，夜者日之餘，陰雨者時之餘』也。」其實，這句話所說的「三餘」的利用，指的就是零碎時間的聚積。能夠以小積大這就是時間的獨特之處。而魯迅先生也曾經說過：「時間就像海綿裡的水，只要願意擠，總是會有的。」

宋朝有一位著名的詩人叫錢惟演，他出生在富貴之家，到了後來又做上了大官，而他除了喜歡讀書之外，什麼嗜好都沒有。他曾經對下屬說：「平生惟好讀書，坐則讀經史，臥則讀小說，上廁所則讀小辭，蓋未嘗頃刻釋卷也。」

讀書手不釋卷，這當然是一個非常值得我們學習的好習慣，而且這同時也告訴我們這樣一個充分利用時間讀書學習的好方法：利用零碎時間一定要懂得因地制宜，善於變通。

如果想要取得優秀的學習成果，那麼首先要學會利用時間。有這樣的一種比喻：時間就好像是水珠，一顆顆水珠若是分散開來，便容易蒸發隨著煙霧飄走，而當它們集中起來時，就可以變成溪流，匯成江海。而這集中的方法之一就是利用零碎的時間學習整塊的東西，並且做到點滴累積、逐步提高。獲取高深的知識，是沒有「捷徑」可走的，只能夠依靠平時一點一滴的累積，這樣才會實現。

具體應按下列方法實施：

第一，要珍惜時間，抓住可以一切利用時間的機會，為實現自己的目標而努力奮鬥；

第二，要排除學習過程中的各種干擾，從而提高學習效率；

第三，要培養自己同時做幾件事情的本領，而且在做事情之前，應該先想一想怎麼樣安排才是最節省時間的。

第四，要善於利用零碎的時間。

我們利用零碎的時間可以去完成一些自己感興趣的事情，特別是那些需要時間比較少的，比較靈活的學習任務；我們還可以把分散的零碎時間集中起來進行使用。因為時間是分散的，但是學習的內容則是集中而專一的，這樣一來，用零碎的時間，我們也能夠完成比較多的學習任務。

四招過好寒暑假

時間對於學生來說非常寶貴，但要做到合理安排時間卻並非一件容易的事，它受到諸多因素的影響，所以要做到合理安排時間，就必須對時間安排的狀況有所了解。

小明的爸媽一直以來都非常關心小明，在爸媽的心中，他們始終認為「父母之愛子，則為之計長遠」。也許很多家長和小明的爸媽一樣都認為寒暑假把孩子送進補習班這才是最好的選擇。

可是我們卻不知道，如果這樣一味的給孩子增加負擔，往往會適得其反。其實家長應該明白，親情教育對孩子的成長十分重要。

一個缺乏親情關愛的孩子，當他步入社會後會怎麼樣去關愛他人？怎麼樣才能融入這個社會？我們是很難想像的。所以說，與其他課程相比，「親情」這一課顯得更加重要，應該及時填補，並且要給予得充分。

所以，有一天，當小明說出了「平日裡由於學習太緊張了而與父母產生了隔閡，我覺得應該好好利用寒暑假時間進行化解。」這樣的話，讓小明的媽媽嚇了一跳。可見，大多數孩子對父母的要求就和小明一樣其實並不高，一個微笑、一句關懷、甚至是一個關心眼神，都可以彌補以往所留下的親情空白。

當然，我們要意識到時間的寶貴，認識到自己對時間的安排中存在的問題並督促自己去改正和完善，從而提高生活和學習的效率。

寒暑假這兩段假期加起來長達三個月，因此，如何充實的度過寒暑假就變得十分重要。中小學生如何充實的度過寒暑假呢？

第一，有計畫的對上一學期（年）的知識進行鞏固性的複習。

其實，知識累積的關鍵還是在於鞏固，一個學期、一個學年下來，我們已經學到了許多新知識，那麼就需要安排時間對這些知識進行鞏固，而寒暑假就是最佳的時間，所以，我們必須有計畫的進行安排，如果需要的話，我們還可以進行多次的複習鞏固以強化學習的效果，這對於增加知識累積量是非常有幫助的。

第二，要控制睡眠、看電視、上網等的時間。

寒暑假到了，同學們可以好好放鬆一下了，睡睡懶覺、看看電視、上上網，這完全是必要的，但必須控制「度」。因為一旦超過了限度，就容易忽略其他的必要的活動，甚至會上癮、影響學習。因此，我們在假期內可以多一點休閒、娛樂的時間，但同時還是必須要以休息、健康、益智、長知識為目的，一定不要留下後遺症，影響將來的學習。

第三，要廣泛參與各類社會實踐活動。

作為學生，應多參加社會公益活動，參加社區服務，學習勞動技術，進行研究性學習，以此增強社會的責任感。但由於平時學習課業繁忙，不能抽出足夠多的時間進行社會公益活動，因此寒暑假是一個絕好的機會，學生們必須按學校及老師的要求，全力投入到社會公益活動中來，以達到了解社會、關心時事、鍛鍊自己的目的。

第四，做好時間安排，進行一定的課外閱讀。

課外閱讀對我們來說十分重要，但是在功課之餘不可能也沒有時間進行大量的閱讀，而假期空閒時間長，學習壓力小，精力容易集中，是同學們進行廣泛閱讀的最佳時機。因此，我們要在老師的安排下，有計畫的進行一定的課外閱讀，如閱讀傳統古典名著、古代詩詞，現代小說，甚至可以閱讀一些通俗的英文小說，透過閱讀進一步提高我們的整體素養。

合理安排時間，避免用腦過度

在學習的時候，最忌諱的就是「死讀書」，所謂「死讀書」，其實就是指一門心思的埋在書籍當中，為了學習而學習，不分白天和黑夜，並且認為只有這樣才能夠學到真正的知識，最後反而把自己弄得頭昏腦脹。

其實，不分時間的一味苦讀，特別是強迫自己在疲勞的情況下學習的話，那麼就會出現疲勞過度、注意力不集中、記憶力和思考能力下降、大腦反應遲鈍等情況，從而導致學習效率下降。如果時間長了，還會出現頸、肩的酸痛不適等一些生理症狀。

所以，我們要切忌盲目苦讀，一定要做到勞逸結合，學習的同時要留下一定的放鬆時間。在安排計畫的時候，不要讓自己長時間的從事單一的活動，可以把學習和體育活動進行交替安排。

小學五年級的王誼歡這幾天上課時總是打瞌睡，注意力不能集中，每節課上到後半段就開始想睡覺。王誼歡的父母帶著她到醫院進行了檢查，結果醫生的診斷結果王誼歡是腦負擔過重，出現了一般在成年人身上，特別是在

合理安排時間，避免用腦過度

白領身上才會出現的疲勞症候群。

醫生還說，「現在的小學生每天早晨六、七點就出門上學了，下午五、六點鐘才放學回家，然後吃完晚餐之後又開始做作業、複習功課，一般都會到忙晚上九、十點鐘。甚至有的學生家長在每到週六、週日還會給孩子報名參加各種輔導班，讓自己的孩子每天的「工作量」已經與成年人相當了。

而且醫生特別指出，學習消耗的主要是腦力，如果一個人長時間集中精神思考、學習，就會讓大腦長時間過度的興奮，腦細胞的功能自然也就會發生變化、受到嚴重的影響，緊接著就會影響到孩子的注意力、學習能力，讓孩子感覺非常疲倦，對學習失去興趣，有的孩子甚至還會對上學一事產生恐懼的情緒。

那麼，如何才能避免「死讀書」呢？

第一，保證充足的睡眠。

有很多學生不顧白天緊張學習後的疲勞，到了晚上還不休息的在燈下用功，在別人看來，以為這是孩子正在用心的學習，其實，如果孩子一直看書到深夜，不僅會因為過度疲勞而影響學習的效果，甚至還會因為睡眠不足從而影響孩子第二天的學習，那麼一來第二天肯定也會是昏昏沉沉的，學習效率就更加低下了。所以，我們一定要確保每天八小時的睡眠，只有休息充足了，才能夠更好的去進行第二天的學習。

第二，減少自身的心理壓力。

如今的學生受到家長、老師、學校的壓力越來越多，自己的成績稍微不好，就會受到各方面的責備，所以很多學生整天都是在緊張焦慮的狀態下度過的。這樣不僅會直接影響到了學生的心理狀態，而且還會導致其注意力下降、學習效率低下，久而久之還會對學習產生畏懼情緒。所以，即使自己的成績下降了，也一定要懂得與父母和老師進行良好的溝通，讓他們與我們一起想辦法，找到成績為什麼下降的原因，從而一起去克服。

第三，創造良好的學習環境。

如果學習環境不好，那麼自然會影響學習效率，比如在光線不足或者過亮的環境當中學習，都非常容易導致視覺疲勞，而環境噪音過大也會影響我們的注意力；室內溫度過高或過低，也都會讓我們感到不適。所以，我們應該選擇安靜、輕鬆的學習環境，以便能夠更好的學習。

第四，靈活用腦，學科交替。

在學習當中，是可以隨時變換學習內容的，這樣做一方面可以增加學習的趣味性，而且還可以更加靈活的用腦，讓大腦皮層各個區域得到很好的休息。在安排學習科目的時候，最好能夠把文科、理科進行交叉安排，對於相似的學科內容不要集中在一起學習，當你學習完英語之後，最好不要接著背國語，而選擇去做數、理、化學等科目，學習效果可能會更好一些。

第五，適當放鬆。

在認真學習了一段時間之後，應該去外面活動一會兒，之後再回來學習。外出活動的方式有很多種，比如散步、打球以及進行一些輕微的勞動等，當然還可以選擇與他人聊天。在室內我們也可以進行一些簡單的體育活動，比如身體前後彎曲，用力伸展身體；或者慢慢做幾次頭繞圈的動作；深深吸氣，之後再慢慢的吐氣；兩手臂自然下垂，做幾次抖手的動作；離開座位，在室內走動等等。

除此之外，積極向上、樂觀等情緒也能夠加快消除疲勞，所以在休息的時候，聽一些優美的音樂，可以讓達到振奮情緒，產生輕鬆愉快感覺的作用。

第六，好鋼用在刀刃上。

應該在最有效率的時間進行學習，而不是選擇做其他的事情。休息、打球、做家務等這些消耗的時間我們雖然不應該看成是浪費時間，但是如果你選擇把學習的黃金時間放在上午，那麼在上午就不要去做一些洗衣服、打掃房間等雜事。其實一天中有很多事情是不能不做的，但要懂得放在合適的時候做，黃金時間應該用在學習上，這才是正確的選擇。

合理安排不同內容的學習時間

在現實的學習生活中，很多人都在想方設法、挖空心思的想要節省更多的時間以充分學習和備考，卻很少有人去想如何在短時間內提高自己的學習效率。

有一位大學教授，一天上課時，他把一個裝滿鵝卵石的罐子放在了講台上面，然後問自己的學生道：「這個罐子是不是滿的？」學生們一起回答：「是。」

於是，教授拿出了一袋碎石頭，倒進了罐子，又問：「這罐子現在是不是滿的？」學生們這個時候開始沉默了。

這個時候，教授又拿出了一袋沙子倒進了罐子，再問：「這罐子是滿的嗎？」

「好像滿了。」

最後，教授又從桌子底下拿出了一大瓶水，把水倒進了看起來已經非常滿的罐子裡……

其實，由於剛開始教授先放進去的是鵝卵石，所以後來才能夠依次放進碎石頭、沙子和水。

對於裝滿瓶子這件事來說，先放鵝卵石就好比「主」，後放碎石頭、沙子和水就好比「次」。如果你先用碎石頭、沙子把瓶子裝滿，那麼鵝卵石是無論如何也放不進去的。

可見，能否分清主次，決定著你能否把事情做好，把學習學好。

我們要懂得去尋找和總結適合自己的學習方法，並且運用此方法來提高自學的效率，從而讓自己在盡可能較短的時間內取得較好的成績。在這裡，我們向大家介紹一些成功的經驗和心得。

第一，分清主次，抓出重點。

自學最為重點的就是抓住教材的大綱，如果我們把「綱」抓住了，那麼就能夠達到「綱」舉「目」張的目的。所以，在自學的過程當中，我們應該特別注意找重點、抓重點、並且把握重點和掌握重點。尋找重點，並不是一定非要從單一的、考試的角度來進行。一般來說，教材的重點往往是多層次的，既有全書的重點，也有每個單元的重點，還有每一個章節、甚至是每一個問題的重點。與此同時，對於每一個基本的概念、理論，甚至是每一個問題當中的重點字、句也不應該忽視。抓住每個層次的重點，進行重點的學習、深刻的理解與準確的記憶，並且進行不斷的強化記憶，那麼就能夠收到從點到面、全面掌握的效果。

第二，透過圖表，消除難點。

如果教材內容比較複雜，或者是難以記憶，那麼我們就有必要畫出一幅綱目清晰的教材結構圖，從而幫助我們進行自學和記憶。這樣做，一來是在繪製當中可以加深對教材的理解，二來是能夠為下一步的全面複習和掌握重點節省更多的時間。繪製圖表的時候，一定要按照從左往右、從上到下的順序，以及從大到小、進行層層分解、從而逐步深入的進行認真分析和統整，並且把每一層次的重點，根據其所包含的因果關係和邏輯關係等結構畫出知識網路圖。當然，知識網路圖可大可小，可詳可簡，這完全是根據個人的自學和複習的情況來制定的，要能靈活掌握。

第三，理清體系，進行整體把握。

不管是自學什麼課程，都應該從整體上來把握教材的內容，想要做到這一點，可以透過閱讀教材的目錄來掌握教材的內容結構，從而抓住貫穿教材的主線，理解和掌握與章節之間的相互關係，從而為下一步的深入學習提供一條比較清晰的思路。

第四，與實際結合，活學活用。

理論結合實際，歷史聯繫現實，這其實是學習最為基本的方法。我們在學習教材的過程中，想要掌握新學到的理論知識，那麼就不能夠依靠死記硬背，更不能夠依賴現成的「標準答案」，最為關鍵的還是在於分析和理解，一定要「活」學，不要「死」學，要懂得把基本理論分析清楚、理解透澈、掌握牢固。

有效使用列表法安排學習時間

清單可以說是最為有效的組織工具之一。當然，列表可以分為很多種，比如任務列表、待處理的列表，以及核對的列表，等等。列表本身就是非常有用的。而製作清單、運用清單則確實是一種需要練習的重要能力。

例如這樣一道題目：

有四十二個人，每條小船能夠搭乘三人，每條大船可以搭乘四人，坐小船每條船要花費五元，坐大船每條船則需要六元，你準備怎麼樣租船呢？

其實這個題目用列表法來解答是一個非常好的方法。我們可以先考慮小船如果不租，大船最多租十一條，再考慮大船如果租十條、九條、八條依次減少的情況。在人數安排好之後，再決定你會選哪一種？

大船（條）	小船（條）	總價錢（元）
十一	零	十一乘以六等於六十六
十	一	十乘以六等於六十；六十加五等於六十五

九	二	九乘以六等於五十四；二乘以五等於十；五十四加十等於六十四
八	四	八乘以六等於四十八；四乘以五等於二十；四十八加二十等於六十八
七	五	七乘以六等於四十二；五乘以五等於二十五；四十二加二十五等於六十七
六	六	六乘以六等於三十六；六乘以五等於三十；三十六加三十等於六十六
五	八	五乘以六等於三十；八乘以五等於四十；三十加四十等於七十
四	九	四乘以六等於二十四；九乘以五等於四十五；二十四加四十五等於六十九
三	十	三乘以六等於十八；十乘以五等於五十；十八加五十等於六十八
二	十二	二乘以六等於十二；十二乘以五等於六十；十二加六十等於七十二

一	十三	十三乘以五等於六十五；六加六十五等於七十一
零	十四	十四乘以五等於七十

製作一個列表，往往會讓自己的做事更加井井有條，而且還能夠保證自己不會白白浪費時間。

第一，最好的清單記錄工具是紙和筆。

你可以隨身攜帶一個筆記本，在裡面放上一支筆，需要特別提醒的是，最好不要用電腦上面的清單管理軟體，雖然那些程式設計得非常完美，但是，還是遠遠不如用紙和筆方便、有效。

第二，沒必要整理列表。

從一定程度上來看，列表的讀者可能只是我們自己，所以，列表只要做到自己能夠看懂就可以了。你可以用最簡便的方式來進行記錄：大量的縮寫、箭頭、線條、打勾、打叉以及各式各樣的符號，這些都是可以的，除非是迫不得已整理自己的列表，不然你是沒有必要這樣去做的，因為這樣幾乎是在徹頭徹尾的浪費時間。

第三，列表一定要隨手可及。

製作列表的時候可以選擇用鉛筆、原子筆、鋼筆、簽字筆等，甚至是任何可以寫出字的筆，而且你可以使用任何一個本子上的某一頁紙，也可以使用專門的便條紙，或者是在牆上的白版上面寫等等，要做到方便第一。而且，列表必須要隨手可及。

第四，最重要的任務永遠只有一個。

對於處理事情來說，要先做既重要又緊急的；不重要不緊急事情當然沒有必要著急去做；如果是緊急的卻不重要的事情，我們也不可不必理會；相比之下，反而是那些重要卻不緊急的事情，你更應該優先處理。

然而，在很多人面臨的真正問題的時候，並不是不懂得這樣的道理，而是在於暫時無法分辨「真的重要」和「顯得重要」，以及「真的緊急」和「顯得緊急」。

其實，判斷一件事情是否真的重要只有一個標準：是否對你的目標（不管是長期，還是短期）的實現有益。

第五，為下一階段的任務製作專門的列表。

在你的任務列表逐漸完成的過程中，你會發現專注的你突然創造能力激增。而每一次完成任務列表當中的一個小項目時，你可能就會在心情愉悅的同時，不由自主的開始展望未來，之後你就會產生新的點子。

假如你產生了什麼新鮮的點子，選擇放棄自然是非常可惜的。正確的做法是，啟動另外一個新的列表，標題是「下一階段任務列表」，並且及時的把你的新鮮點子記錄在那裡，之後馬上回到當前的這個任務列表當中，專注於當前應該完成的任務上。假如再一次突然出現了什麼新鮮的點子，那麼依法炮製即可。

第六，每一個任務需要一個核對清單。

在實施計畫的過程中，完成任務列表當中每一個項目時，你都應該提前給每個項目制定出一個檢查清單，用來確定當前任務是否保質保量。在很多的時候，你可能夠會遺漏了某一方面，那麼在你執行下一個項目的時候，就很有可能會因為這個遺漏而需要再一次的重新進行上一個環節的工作。可見，這樣的錯誤往往會導致大量的時間浪費。

其實在有的時候，檢查清單不一定非要寫下來，而是完全可以在我們的大腦當中進行的；特別是對於那些你已經非常熟悉的項目。

第七，列表一旦開始執行，就要堅持到底。

很多人一事無成就是因為容易放棄。想要放棄有很多種方法，而最為常見的就是「換一個更好的方向」。如果確實能夠找到一個更好的方向倒也無可厚非，但是，在很多時候，好像「更好的方向」是並不存在的，那麼，這樣下去，你就會一直不斷的發現「更好的方向」。因此，如果你真的覺得你能夠完成這個任務，那麼一定要堅持做到底。

時間管理的六法則

如何更好的利用時間，這關係到每一位學生的學習效率，那麼我們應該如何更好的進行時間管理呢？

第一，明確你的目標。

目標能夠最大限度的聚集你的資源和時間。所以，只有有了明確的目標，這樣才能夠最大限度的節約時間。在人生的道路上，存在著時間與價值的對應關係。有了目標，一分一秒就成為了我們成功的紀錄；而沒有目標，那麼一分一秒就只能成為生命的流逝。

第二，遇事馬上做，不要拖延。

即使是需要付出很大的努力也要養成不拖延的好習慣。因為對於那麼應該做，但是卻沒有做的事情來說，它們總是會不斷給你帶來壓迫感。而且拖延並不能夠節省下時間和精力，恰恰相反，它能夠讓你心力交瘁、疲於奔命。不僅是於事無補，反而還白白浪費了很多寶貴的時間。

拖延的惡習，說到底就是為了暫時的解脫了內心深處的恐懼感。第一，恐懼失敗。似乎任何事情拖延一下，就不會立即面對失敗，而且還可以進行自我安慰：「我會做成的，只是現在還沒有準備好。」同時，拖延還能夠為失敗留下一個台階，拖到最後一刻，即使做不好，也可以找藉口說，在這麼短的時間之內能夠達到這樣的表現就已經非常不錯了。第二，恐懼自己不如別人。所以拖到最後，能不做就不做了，這樣既消除了做不好低人一等的恐懼，而且還滿足了自己的虛榮心，告訴別人，換成是我的話，做的肯定比他們好。

所以，我們要養成遇事馬上去做，這樣就能夠占到「笨鳥先飛」的先機。時間一長，必然就會培育出當機立斷的大智大勇。

第三，珍惜現在，當日事當日畢。

愛默生說：「我們應當記住，一年中每一天都是珍貴的時光。」

明朝人文嘉有著名的〈明日歌〉和〈今日歌〉。

〈今日歌〉唱道：「今日復今日，今日何其少，今日又不為，此事何時了？人生百年幾今日，今日不為真可惜，若言姑待明朝至，明朝又有明朝事。為君聊賦今日詩，努力請從今日始。」

制定好每天的工作進度表。每天都應該有目標、有成果。今日不做，必然會造成累積，累積久了也就變成了拖延，拖延最終會導致頹廢。

第四，養成做事有條理的習慣。

根據統計，一般的公司職員每年都需要把六週的時間浪費在尋找一些東西上面。這其實也就意味著，每年由於不整潔和沒有條理的習慣，幾乎損失了將近百分之二十的時間！養成有條理的習慣，其實還有另外一層意思，那麼就是需要尋找自己的「生理節奏」。

我們應該用自己精力最好的時候來做一些重要的事情，當自己精力不好的時候，可以去做一些不太重要的事情，這樣才能夠真正展現出高效，節約更多的時間和精力。

每個人都有自己的生理節奏，做到符合它，便能夠事半功倍，反之則是事倍功半。

第五，養成快速的節奏感。

我們要克服做事緩慢的習慣，積極調整自己的步伐和行動。養成一個快速的節奏，不僅僅是提高效率，節約時間，這樣能夠給別人留下良好的印象。在日本，很多人就把「快食」、「快便」、「快睡」、「快行」、「快思」、「快說」的「六快」之人，看成是非常優秀的人。

第六，設定完成任務的期限。

有了期限才會有緊迫感，我們也才會去珍惜時間。設定期限，這其實是時間管理的重要標誌。

四法讓你向時間要成績

對於面臨升學考試的人來說，考前的複習是非常緊張的。為了能考上理想的學校，不少人每天都埋頭於書山題海之中，經常「開夜車」到深夜。正像一位同學所說，「要想考上好學校就得拼時間」，正是所謂的「向時間要成績」。

其實，這些人的學習精神是非常好的，但是做法卻未必可取。因為當我們每天都全副身心的埋頭於書山題海之中的時候，恰恰也說明他們在學習上是不善於利用時間的，更不會制定計畫、統籌安排，那麼學習就沒有了品質和效率的保證，只會用耗時間的辦法來取得安心。

曾經有一位非常出色的演講大師，他對音樂有著特別的愛好，從小喜歡小提琴。可是，由於他每天都要去參加各種演講，根本沒有時間到專門的藝術學校學習專業的小提琴，在沒有辦法的情形之下，他開始自己苦練。

這位演講大師善於利用每一分鐘，懂得向時間要成績，他不論到什麼地方去演講，都會把小提琴帶在身邊。不管是在等火車，或者是等飛機，甚至是演講結束之後的幾分鐘，只要有時間，他就會把小提琴拿出來練習。到了最後，這位演講大師不僅在演講方面成就卓越，而且還成為了一位小有名氣的小提琴家。

其實，這位演講大師善於利用每一分鐘，懂得向時間要成績的做法給我們每個人都樹立了榜樣，大家如果能夠像這位演講大師一樣，利用好每一分鐘，那麼學習成績一定會變得更加優秀。

實際上，試圖讓自己不要浪費每一秒鐘的人，結果反而讓更多的時間都白白浪費掉了。當然，時間是獲得好的學習成績的重要保障，一個學生在學業上的成敗在很大程度上是取決於他們對時間的利用。但是從成績與時間的比例關係來看，它們並不是簡單的正比關係，耗時多，並不能代表成績好。以下提供向時間要成績的四個方法。

第一，別逼迫自己學習。

任何人學習都有興奮與膩煩的時候，當你開始感到厭倦，發現學習效果不好，那麼就需要逼迫自己進行適當的休息，你可以選擇做一些自己喜歡的事情，如果你能夠輕鬆對待自己的這種厭倦，那麼一般只需一、兩天的時間，你就會重新發現對學習的興趣，正所謂「月有陰晴圓缺」，千萬不要對自己的厭學感到大驚小怪，要懂得自然的去接受它。反之，如果你看不進去書，卻還在裝模作樣的學習，那麼就一定會毀滅自己學習的信心。所以請記住，一定要盯住更長遠的目標，千萬不要在乎一時的得失。

第二，認識考試的意義，激發主動性。

一些同學在考前複習的時候，總是會把最近的考試當作唯一的目標，雖然人是在複習，可是內心卻是對複習充滿厭倦的，成天就是盼著這樣的苦日子早一天結束。而等到這一天真正過去了，他們就對自己說：「終於把這一天熬過去了，希望老天保佑，再也不要有這樣的苦日子了。」可見，他們完全是把複習當成了一種磨難，內心是非常痛苦的。其實他們並沒有想到，每個人都是這樣吃著苦走過來的，可以說這才是對自己漫長人生道路上的一種磨煉，更是一個鍛鍊自己的好機會。你可以換個角度去想一想，如果剝奪了你的考試機會，讓你天天玩、天天享樂，那將會是一種什麼樣的結果呢，你願意嗎？你肯定也會覺得很沒有意思。因此，複習考試這不是在吃苦，而是在累積知識和學習的資本，也是我們成長過程中必不可少的內容。

第三，接受自己的自卑與不完滿。

很多人浪費時間、學習效率不高，是因為心靈經常被消極的情緒所占據，整天想著自己的不足和弱點，「不管怎麼努力，還是只處於中等水準」，「我已經比原來努力兩三倍了，為什麼還是考不到第一名？」其實不僅僅是你存在這樣的想法，其他同學也是這樣想的，這說明你有上進心，說明在你的內心當中還想要透過更努力而達到更高的水準。所以，可以允許自己這樣責備自己，但是千萬不要總是看到自己的不足。心理健康的人在這種時候，總是會不由自主的想到：「自己已經付出了這麼多的努力，做的是很不錯的」，「我有理由為自己所取得的現有成績而自豪」。當我們每天在與自己計較與心中目標差距的時候，也應該找一找自己的長處和優點，更要善於看到自己所做出的成績。

第四，對時間的利用要具體而實際。

有的同學會下狠心，發毒誓：「一定要好好學！」但是實際上卻是在浪費時間。原因就在於他們對時間和效率存在一種不合理的想法，認為只有安靜下來之後的的整段時間才是最高效的時間段。他們就是這樣被動的等待著時間，而這樣的時間其實是很少的。實際上，時間就在你的眼前，往往那些不發誓的學生他們才是最會利用時間的。因為你會發現，他們在路上，在候車時，在散步時，都知道應該如何去利用這些零散時間，也正是因為他們行動了，所以沒有時間上的焦慮。

柳比歇夫時間管理法讓你精確感知時間

「時間就是金錢」這是班傑明．富蘭克林說過的一句名言。這位美國著名的學者、政治家、賓州大學的創始人，在一七三六年發表的一篇《為渴望富裕的人提出的有效建議》的文章中提到了這句話。

其實，如果按照富蘭克林的哲學，只要你能夠有效利用自己的時間，那麼你一定會獲得不少的收穫。富蘭克林的這一個理念沒過多長時間就被企業所採納。

到了一九五〇年代，彼得．杜拉克針對白領階層闡述了他的「目標管理」學說。根據這一學說，企業開始不再對個別員工實行強制性的管理，而是由他們任意安排自己的工作時間，這樣做的目的是能夠實現既定的、多方共同協商制定的目標。

這樣的管理體系被企業採用了相當長的一段時間，直到一九八〇年代中期，在企業當中出現了新的問題：當時，由於員工的工作量開始不斷增加，企業需要在預先確定的時間之內完成臨時出現、臨時加入的目標，而繼續採用原先的做法就顯得很困難。

因此，他們開始尋找一種能夠為自己提供支援的新方式，而時間管理法就是在這樣的背景下產生的。

其實，說到精確的感知時間，就不得不提到柳比歇夫時間管理法，柳比歇夫時間管理法是前蘇聯昆蟲學家柳比歇夫五十六年如一日對個人時間進行定量管理而得名的。這種方法是建立在數學統計的基礎之上，重點是對消耗時間的紀錄進行分析，使人們能正確認識自己的時間利用狀況，並養成管理自己時間的習慣。

這一個時間管理法到底是什麼呢？柳比歇夫時間管理法就是要記錄時間、分析時間、消除時間浪費、重新安排自己的時間。是個人時間定量管理的方法。

第一，柳比歇夫時間管理法的要點：

（一）保持時間紀錄的真實性、準確性

這裡的「真實」是指當下的記錄，而不是補記的。「準確」則是要求紀錄的誤差應該保持在十五分鐘之內，否則紀錄就沒有什麼價值了。

(二) 切勿相信憑記憶的估計。因為人對於時間這種抽象物質的記憶是非常不可靠的。

(三) 選擇的時間記錄區段要有代表性

(四) 及時調整時間的分配計畫

在檢查時間紀錄的時候，要找出一個時段分析計畫時間與實際消耗時間的差別，並且以此作為根據，對下一個時間段的使用進行重新的分配。

(五) 堅持就是成功

第二，柳比歇夫時間管理法的步驟：

(一) 記錄

運用各式各樣的耗時記錄卡，就能夠非常準確的記錄時間耗費的情況。

(二) 統計

每當填完一個時間區段之後，對時間耗費的情況也應該進行分類統計，看看用於開會、聽匯報、檢查工作、調查研究、走訪使用者等等各個項目的時間比例到底有多大，並且繪製成為圖表。

(三) 分析

對照學習的實際效果，分析時間耗費的情況，從而找出浪費時間的原因是什麼。

(四) 回饋

根據分析的結果來制定消除浪費時間因素的一系列計畫，並且做到及時落實於下一個時間段。

柳比歇夫應該是形成了一種特殊的對時間的敏感度。在我們身體深處滴答滴答走著的生理時鐘，在他身上已成為一種感覺兼知覺器官。

我們可以說，像柳比歇夫這樣的人，才是時間的真正朋友。因為他們了解時間，而且經過長時間的刻意訓練，甚至根本不需要手錶就可以感受到時間的所有活動。

既然「支配時間」或者說控制時間，讓它聽我們的是不可能的，那麼解決方法就只能是，想盡一切辦法真正的了解自己、真正的了解時間、精確

柳比歇夫時間管理法讓你精確感知時間

的感知時間；而後再想盡一切辦法使自己以及自己的行為與時間「合拍」，也就是說「與時間做朋友」，這樣我們才能大大提高學習的效率，讓我們輕鬆的學習。

第二章　掌握高效學習方法

聯想學習記憶法

聯想就是所感知和所思考的事件、現象或者是受到概念的刺激而聯想到其他與之有關的事件、現象或概念的思維過程。

由此，我們可以得知，用聯想學習法就是借助於想像的方式來幫助自己獲得新的知識。那麼，聯想學習法應該怎麼樣運用呢？

第一，用類似聯想的方式去記憶。

類似聯想的基礎是你所記憶的兩個或者多個事物之間必須具有共同的特質。如需要在時間上、空間上接近，並且在現象或者本質上具有類似的特性。透過對不同事物之間的比較，借助自己的聯想把兩個相近的事物聯繫起來一起記憶，這樣更能夠加深二者之間的區別，以防日後混淆。

注意，類似聯想法在記憶的時候應該著重去記憶二者之間的區別。

第二，用對比聯想的方式去記憶。

對比聯想和類似聯想具有一定的共性，它們之間的區別主要是在被聯想的事物之上。對比聯想就是藉由客觀事物存在著對立性而建立起來的一種聯想。運用對比聯想，其目的主要是借助於兩者之間的不同去區別記憶。但是，具有對比性的兩個事物之間，往往還會存在些微的共同性。所以，我們在記憶的時候，不能放過彼此之間的任何聯繫。

第三，用整體聯想法去記憶。

知識是一個整體，往往由點、線、面、整體四個部分構成一張知識的網路。單純去掌握零碎的知識點，或者把各個知識點孤立零碎的去記憶，往往讓會自己陷進一個思維的陷阱，從而看不到各個不同知識點之間的聯繫，也就不可能從整體上進行把握了。

所以，在學習的過程中，我們應該運用整體聯想法，從一個宏觀的角度出發去認知新知識。不要把自己局限在某一個知識的死角，要了解知識的綜合性和整體性，把大量分散的知識點透過自己的歸納學習，整理到具有條理性的體系之中。

第四，用因果聯想法去記憶。

因果聯想也是聯想中的一種，它的特點就是能夠由一種事物的經驗聯想到另一種與它有因果關係的事物之上。可以說，因果聯想法這是由事物之間的因果關係從而形成的一種聯想方法。運用因果聯想法，需要我們在學習新知識點的時候，要從它的原因去推導結果，再從結果反過來去推導成因。如此便可以把整個知識點理解透澈，使其牢牢印記在我們心中。

舉例來說，用聯想學習記憶法在記憶歷史知識的時候，我們可以用聯想記憶法來記憶歷史年代。

如：淝水之戰發生於西元三八三年，我們透過淝水的「淝」可以聯想到肥胖，由肥胖想到一個胖娃娃的樣子，而「八」字的兩個圓正好又可以看成是胖娃娃的頭和身體，兩個三則是兩個耳朵。這樣一想就記牢了。

除此之外，還可以用聯想記憶法來牢記歷史事件。

在漢代，較大規模的農民起義有三次：一是西元十七年發生的綠林起義；二是西元十八年發生的赤眉起義；三是西元一八四年發生的黃巾起義。前兩次農民起義都發生在西漢，後一次發生在東漢。

而這三次起義的時間可以用對比法來記，最令人頭痛的是起義名稱的先後順序容易搞混。所以，我們可以採用聯想記憶法來記憶。

這三次起義的名稱都有顏色，即綠、紅、黃，這樣就可以與楓葉聯繫起來。楓葉春夏時是綠色，秋天變紅，冬天變黃。

除了以上幾種聯想法之外，我們還可以用一些更加具象的聯想方法來激發自己對學習的熱情。

第一，故事聯想法。

故事聯想法就是借助於自己的想像力，把需要記憶的內容變成一個完整的小故事。如此，我們就不再需要去單純記憶枯燥的理論內容了，比起死記理論來說記憶情節曲折的故事要簡單有趣得多。並且，故事越有趣，你記憶的效率也就越高。

第二，圖像聯想法。

如果你覺得花費時間去編故事太累的話，那麼就把你所需要記憶的內容聯想成一副圖片吧。當抽象的文字變成具象的圖像的時候，你便可以綜合運用身上的感官去學習、記憶。

第三，韻律聯想法。

此種方法就是根據新知識點的發音，尋找到與其發音相似或者具有一定關聯性的事物，或者透過變成繞口令、流行歌詞、記憶口訣等方式去靈活記憶。不過需要注意一點，在變成口訣的時候，知識點的內容要盡量做到簡潔，並且還要注意口訣的韻律，使其容易上口背誦。

運用聯想法學習，對英語學科來說尤其重要。它可以使我們容易記憶枯燥的語法、生硬繞口的發音，極大的提高學習效率，達到事半功倍的效果。

點面學習法

知識是觸類旁通的。廣博可以說是精深的基礎，精深則是廣博的方向。同學們在初學的時候要做到廣，入門要做到深；知識面要做到博，鑽研要做到精。為了達到這一目標，我們可以採用點面學習法。

所謂「面」，就是指掌握基本知識之後，還應該適當的閱讀一些必要的參考書。學習數學等科目知識時，最好還能夠多看一些比較好的例題，多做一些概括性強的練習題。只有熟悉了各式各樣的題型，才能夠真正做到見多識廣。

在這裡需要特別提示的是，這裡所說的「做習題」，並不是指「依樣畫葫蘆」式的死做。這樣不僅會浪費自己的時間，更會束縛自己的解題思路，無法達到見多識廣的目的。

同學們做習題的時候，可以先在草稿紙上理清解題思路，尤其是遇見繁瑣的題目時，我們更要這樣做。做題時不僅要追求最後答案的準確性，還要注重整個解題的過程和思路。

所謂「點」，則是指在廣泛接觸各種學習內容的過程中，能夠把自己認為好的、不會的內容，或者是以前練習當中從來沒有遇到過的題型，甚至是自己解題的時候遇到的難題全部挑出來，認真、仔細的記錄在筆記本上，之後再慢慢琢磨或一步一步、一絲不苟的演算。

在解題之後，還應該抽出寶貴的時間，認真做好檢討工作。認真思考自己的理解是否正確，習題的解題過程是否嚴謹，還有沒有其他解法，到底哪一種解法是最好的……

與老師在課堂上講解例題一樣，自己多問幾個為什麼，並且把這些內容用自己的語言加以總結，之後記錄下來，日後邊翻閱邊思考，做到不斷完善。在「點」上下工夫，我們往往能夠收到事半功倍的效果。

廣泛的閱讀可以幫助我們形成知識的「面」，而具有專業深度的探索則可以幫助我們形成學科的「點」。這兩者互相結合，從而達到「以點帶面，以少勝多」的效果。

可以說，廣博與精深就是知識大廈的兩塊非常重要的基石，有博無深流於「雜」，有深無博則流於「陋」。

有這樣一則傳說：有一種鼯鼠，牠會飛、會爬、會游、會挖穴、會走。但是，牠飛翔的高度高不過屋頂，攀爬卻又爬不到樹梢，游水游不過河，打的洞又不能很好的隱藏自己，奔跑還跑得不快。

雖然這鼯鼠會五種本領，可是卻沒有一種技藝稱得上精湛，更別說能夠護其身、保其命了。最終在弱肉強食的生物鏈中，牠喪生於黃鼠狼之口。

我們每個人的生命都是有限的，但是知識的海洋卻是浩瀚無垠、無窮無盡的。因此，不管對任何人來說，知識的廣博只是相對的，而知識的「面」也是依照個人的情況拓寬加大到「無限大」的。

著名的文學家錢鍾書早年在清華大學讀書的時候，便立志「橫掃清華圖書館」。他博學多能，還精通數國外語，可謂是學貫中西。無論在文學創作還是學術研究方面，他都取得了卓越的成就，正是透過其以文學為方向、貫通中外的廣泛博覽而成功的。博學廣聞成為了他文學創作最為有效的奠基，更賦予了他的作品無以倫比的魅力。

如果你能用好點面學習法，一定能像錢鍾書一樣，擁有的知識既廣又深。

五步讀書法——全新的讀書方式

現如今，在國外流行著一種叫做「SQ3R」的讀書方式，而這種讀書方式最早是由美國愛荷華大學的羅賓森提出的。這種方法出現之後，受到大家的普遍歡迎。「SQ3R」其實是英語Survey、Question、Read、Recite、Review五個單字當中每一個單字的首字母，它們分別代表了「瀏覽、發問、閱讀、複述、複習」這五個學習階段。

五步讀書法的基本步驟如下：

第一，Survey，瀏覽。

在正式閱讀之前，先大致概覽資料或者文章，以求自己對其有一個大致上的印象。透過閱讀你要學習的資料的部分章節、序言、結語等內容，可以對章節的要點、學習的目的，從而做到對整體文章大致內容的把握。

在瀏覽階段，我們需要注意的是該章是如何和全書的主題相呼應，以及該書大概有多少頁、自己閱讀一頁需要多長的時間，並且還可以從題目上去尋找該章節的線索等。在瀏覽的階段要做到多思考，才能為後面的仔細閱讀節省時間。

第二，Question，提問。

在這一階段，重點是去讀書當中各章節的標題以及章節裡面承上啟下的內容，並且一邊粗讀一邊提問。只有這樣才能夠激發學習的興趣，促進自己更加刻苦的鑽研。在詳細閱讀之前，最好能提出明確而簡潔的問題，如果你記不住，那麼就在身邊的紙片上寫下來。這一步，往往能夠使我們能關注到文章比較重要的地方，如果能夠根據問題進行刨根究柢，就一定可以把文章理解透澈。

在提問的時候，我們主要根據三方面來提出自己的疑問：我在瀏覽的階段，都已經知道了什麼？作者在這裡想要告訴我什麼？我到底想要什麼，還能夠從文章中得到什麼？

第三，Read，閱讀。

如果說瀏覽、發問這兩個方法為我們敲開了書本知識的大門，那麼閱讀則代表著直接登堂入室。在這一步，我們需要從頭到尾對資料進行細讀，對重要、難解部分反覆的讀。我們在閱讀過程中，一定要做到眼到、口到、心到、手到，甚至還可以邊讀、邊思考、邊畫重點。我們應該盡可能將自己本身所掌握的知識和新知識相互結合，及時做好讀書筆記，從而加深對新知識的印象。

在閱讀的過程中，我們可以嘗試著自己去文章中解決提問階段寫出的問題。隨著理解的深入，你還會不斷的產生新的問題，這正是不斷進步的表現，你應該為此感到高興。

第四，Recite，複述。

複述，即是「回憶印象」，就如我們回憶看過的電影一般。擺脫書本的束縛，憑藉閱讀過後的印象去回憶書中的內容。你可以對自己再次發問，看自己是不是還記得文章中的內容。這是自我檢查學習效果的方法，也是鞏固記憶的一種手段。

切記，如果有知識遺忘的地方，一定要馬上翻開書本去尋找答案，進一步補充完整你的作答。

第五，Review，複習。

一般在複述之後的一到兩天內進行，我們可以隔一段時間之後再重複進行一次，這樣不僅能夠鞏固現有知識，而且還能夠起到溫故而知新的作用，從中獲得新的體會。對前幾個步驟的重新演繹和溫習，能夠明白自己是如何把零碎的資料整合到一起的，這有助於我們尋找到學習中的規律性，從而為其他方面的學習內容提供可借鑑的經驗。

王海軍同學是班裡的英語組長，他一直認為：現在的英語學習，要特別重視英語課文的背誦。但是想要能夠又快又準確的背誦出一篇篇英語課文，這就需要每一位同學都講究一定的方法。如果不講究方法瞎背書的話，這樣既費工夫，又不會收到良好的效果。因此他一直以來都用「五步」法學習英語課文，效果非常不錯。

王海軍同學還說：「現在我們班上每一位同學的手中幾乎都會有與教材配套的錄音檔，這是我們應該充分利用的，也是學習和背誦英語課文的第一步。我每次都會闔上書，把一篇課文的錄音檔完整的聽一遍。在聽第一遍的時候，要集中精力把耳邊聽到的英文和相應的中文聯繫起來。這樣，腦海中就留下了一篇課文的最初印象，也就是這篇課文的中文形式。然後重新播放，再聽一遍，這一次應把精力集中到課文的句子上，努力去思考所聽到的句子是由哪幾個單字構成的，這樣，腦海中便留下了全篇的第二印象，也就是課文的英文形式。

如果能夠聚精會神，一絲不苟，那麼接下來的學習就顯得比較輕鬆了，只需在流利程度上有所進步就可以了。」

不難看出，「SQ3R」讀書方法，是對於學習和記憶的一些心理原則綜合性的最佳應用，而且這種方法特別適用於精讀教科書。熟練運用「SQ3R」讀書方法，可以大大提高我們的閱讀效率，並且使得閱讀過後的內容牢牢印記在我們心中。

主動閱讀，提問抓重點

閱讀的目的就是理解，是建立在對全書內容的分析之上，透過解析文章的結構等方面來促使自己理解文章。所以，在閱讀的過程中，要先找出作者所強調的重點在什麼地方，從目錄中去分析文章的結構，從而找到全文的關鍵所在。抓住了重點，就等於是抓住了文章的核心。在重點處多下工夫，有助於我們了解作者的寫作意圖以及理解文章本身。

讀書的時候，應該主動去閱讀。

要如何才算是主動閱讀呢?答案就是思考。一個很簡單的方式就是，在閱讀的過程中要邊讀邊提出問題。這表明你真正用大腦去思考了，而不是被動的去接受文章所提供給你的資訊。因為你用心思考了，才會在閱讀的過程中產生疑問，而正是因為產生了疑問，才會促使自己真正用心的讀下去。由此形成一個良性循環。

無論讀什麼書，都必須提出自己的疑問，而這些問題也很有可能和閱讀的重點有關聯。如果能夠抓住重點，就可以引申出作者一連串的觀點，而你則是需要將其整理連貫起來，弄清楚文章的內容和主題。

我們在閱讀的過程中需要做到以下幾個方面：

一、按照作品的主題和作品的類型進行整理分類；

二、用簡潔流暢的文字去敘述書本的主要內容；

三、按照書本中故事發展的順序，分別列出各部分的提綱和主要內容；

四、明確作者在文中所提出的問題以及解決方法；

五、尋找關鍵字詞，並且弄懂其在文章中的含義和所起的作用；

六、從重要句子中把握作者思路的走向；

七、聯繫上下文，從文章中提取出作者的觀點；

八、不惡意的去評論一篇文章的好壞，在立足文章本身的基礎之上，結合自己的閱讀成果，對文章的內容進行評價，要做到客觀並且具有說服性。

在面對不同作品的時候，我們要有不一樣的態度。

每一本書都有其獨特的架構，因此在閱讀的時候，就需要我們用心的去解讀。但是，不能千篇一律的用同一種態度去閱讀，這樣會讓我們在腦海裡面形成固定模式和僵化印象。在面對不同的作者、不同的作品時，要學會讓思緒隨著作者的筆觸行走，才能真正讓自己融入到故事情節之中，才能真正讀出自己的心得體會。

「六先六後」學習法

鞏固知識是學習的最後一個環節，也是極其重要的一個環節，在這裡向同學們介紹複習鞏固知識「六先六後」的方法，相信能夠對大家的學習有所幫助。

第一，先訂計畫後學習。

學習本來就是一個由淺入深，由少到多，一點點深入的過程。所以同學們一定要先訂好了計畫再學習，這樣我們的學習才是有計畫、有目的、有針對性的學習，我們才能克服學習的盲目性和衝動。

第二，先預習後學習。

很多同學都認為，所要學習的知識反正老師上課也要講，我們做課前的預習是多餘的，而有的同學也認為，課前預習有很多東西都看不懂，這樣做反正也沒有什麼用，於是就不重視課前預習，甚至放棄預習。其實，不認真進行課前預習往往是造成學習成績下降的原因之一。

預習是同學們對即將要學習的知識進行一個預先「偵查」，以便能夠打一個有準備之仗。如果能夠堅持預習，就能使新舊知識相聯繫，更有利於我們掌握新的知識，也可以讓我們克服聽課的盲目性，使上課更加專心，與老師的配合更加默契，從而提高學習效率。

第三，先複習後做作業。

複習是知識鞏固和理解的一個重要環節，同學們每天回到家後都應該把今天所學習的知識認真複習一遍，把要記憶的知識點進行記憶，要理解的內容充分理解，等這些工作都做完之後再去做作業。

在做作業的時候首先不要看書，其次也不要去問別人，最後要給自己規定一定的時間限制，只有這樣，我們做作業才有實際的價值。你應該把每一次的作業都看成是考試一樣認真的對待，如果這樣的話，就相當於每天都在進行考試，這樣一來就再也不會出現「作業滿分，考試零分」的現象了。

第四，先調整好心態，後參加考試。

在考試的時候，心態是很重要的。有著同樣水準的同學，若以不同心態進入考場，考出的成績絕對是不一樣的。我們只有具有良好的心態，才能鬥志昂揚，才能讓我們的大腦更清醒，促進思路的發揮；如果心態不好，比如緊張、焦慮，這些都會抑制我們正常水準的發揮，所以一定要先調整好心態。

第五，先思考後請教。

遇到問題的時候不要光想著去問別人，應該自己先進行思考。思考有助於我們把知識理解得更深刻，也可以使我們學到的知識更加的牢固扎實，更可以讓你的大腦變得靈活。

我們說的「學問」，就是既要學，又要問。問是學習的鑰匙，是思考的媒介。當你在學習上遇到問題時，應該在自己思考的基礎上再去請求的別人的幫助，但是在問別人的過程中，不要只問答案，一定要共同探討，從而開拓自己的學習思維。

第六，先打基礎後進行提高。

做任何事情都要打好基礎，學習也是一樣。學習一定要打好基礎，要把書本上那些最基本的概念、定理、公式都牢牢的掌握。如果這些知識點都沒有記住，那麼對於我們以後的學習就會造成阻礙。

當然，只打好基礎是不行的，我們還要將其昇華，要把書上的知識點經過自己的思考、理解變成真正屬於自己的東西。

分項學習法，把知識精細化的好方法

國文能力是一項綜合性能力，包括文字的書寫認讀能力，閱讀分析能力，以及語言的表達能力。

國文學習的最終目的，就是要在這幾個方面能夠有一個大幅度的提高，能夠熟練的運用該語言來接受和傳播資訊，從而獲取知識和交流的思想。

所以，如果想要學好國文，那麼就必須在如下幾個方面下工夫：

第一，突破閱讀關卡。

閱讀是國文中所占比例最大的一部分，只有學會了閱讀，才能夠正確理解文中的意思，才能真真正正的把所有的學科學透澈。那麼，我們應該如何去進行閱讀呢？

一、**讀懂文章**

這裡提到的「讀懂」主要有兩層含義：一是要讀對正確文章的基本發音，

不要在閱讀的過程中出現誤讀，並且還需要注意一些特殊的字詞，了解它們在不同語境下的不同發音；二是要弄懂個別字詞在文章中的含義，結合文章的語境，對其進行更深一步的學習。

二、學會書寫

在認識了新的字詞之後，會讀是最基本的要掌握的內容，其次就是對其字形的掌握，要能夠正確的書寫剛剛學過的生字和生詞。同時，為了加以區別和加深記憶，我們應該將相近的字詞放在一起進行類比記憶，這對於掌握字形很有好處。

三、解讀題目

從文章的標題入手去解讀題目的核心。題目往往起著提綱挈領的作用，有著十分豐富的含義。從文章題目出發，結合課文去揣摩題目的含義，並且只有在結合了課文之後，才能真正弄明白題目的含義。從題目中尋找到中心詞，在中心詞的指引下，從文中總結歸納出文章的中心思想。

四、品析明旨

讀完一篇文章，我們首先要對其進行層次的劃分，以便能夠從不同的段落中和段落之間尋找到關聯，進而提升文章的主題。在進行段落歸納的時候，我們可以採用尋找中心語句和綜合段意的方法去分析文章。之後還必須對文章的寫作特點進行總結，這才可以稱得上是對文章的品析。從中，我們可以學習到作者的寫作技巧，學會借鑑和運用，可以為自己的作文增分不少。

第二，強化作文關。

國文是一門工具學科和基礎學科，所以學好國文的最終目的是為了應用，也就是用文字傳遞資訊、表達感情。而寫作能力的高低，恰恰是一個人國文整體水準的展現。

那麼，如何才能提高自己的寫作能力呢？

一、要培養文字的書寫能力

寫作的基本功是書寫。因此，文字寫得如何，直接影響到我們作文的效果。培養文字書寫的能力，我們需要做到：清晰、整齊和乾淨三個方面。當然，我們並不要求每個人都成為書法家，但是一個最基本的前提就是要保證文字的可辨識性。

二、**生活是所有素材的來源**

注意觀察生活，從生活中吸取營養和素材。只有反映真實生活的文章才是一篇好文章。文章是反映生活的，只有認真觀察生活，才能寫出符合生活本來樣子的好文章。否則，閉門造車只會讓你的感情虛假，永遠寫不出真情實感。

其實文章是生活的反映，只有認真留意生活，才能夠發現生活本來的樣子。不然的話，文章遲早都會鬧出笑話。

例如有一名同學在寫〈迷人的秋天〉時這樣寫著，「秋天的麥田翻湧著層層的金浪」，而另外一名學生在寫〈夜路〉時則寫道，「一輪明月映照著滿天繁星，很是美麗」。如果這兩位同學能夠細心去觀察一下生活的話，就會發現，其實在秋天是沒有麥子的，而月明的夜晚，也必定是「星稀」的。

著名的文學家巴爾札克曾經說過：「沒有細節就沒有文學。」那麼細節從何而來呢，這就需要我們去認真的觀察生活，觀察色彩、形狀、事物之間的比例關係、情態等等。

而寫作也離不開想像，好的文章總給人留下奇妙的想像。例如朱自清在〈瑞士〉這篇文章中寫「晚霞映照下的多瑙河的流水，閃著粼粼的波光」時，為了能夠給人更形象的感覺，就順勢進行類似聯想「宛如西方小姑娘的眼眸」，可謂既新奇而又形象，因為西方女生的眼窩深陷，且有藍色亮光，一閃一閃的，而這正是東方女生所不具備的。

三、**善用課本、善於閱讀、勤於練筆**

當你的素材不是很豐富的時候，要知道課本其實就是你最好的素材來源，它可以教給你許多寫作技巧。而學會從其他閱讀資料裡面借鑑，也是一種不錯的選擇。然而，不管你已經累積了多少素材，勤於練筆寫作才是走向成功的唯一途徑。

透過分項學習法，可以幫你逐個攻破國文學習中的難關，讓你不再為如何學習國文而頭疼。

集中注意力，高效學習

當一項活動需要我們完全投入的時候，我們可能對它的感受就會變得深刻很多，因為我們把自己全部的注意力、以及自己全部的感官和我們整個的身體都為了這項活動而準備著。如果我們提高了注意力的集中程度，那麼我們就更容易記住一些事物，假如我們能夠很好的專注於我們自身的任務，那麼效率肯定會有所提高。所以，集中注意力從根本上來說決定了我們能否提高學習的效率。

法國著名的昆蟲學家法布爾，他在年輕的時候，數理化等成績都非常好，而且還取得了博士學位，可是，正是因為他沒有平均使用自己的精力和力量，最後還是把目標鎖定在了昆蟲研究上，一輩子和黃蜂、蒼蠅、螢火蟲等昆蟲打交道，被人們稱為是「昆蟲漢」。他經過不懈的努力，研究出了許多的成果，而著作《昆蟲記》則被人們讚譽為「昆蟲界的荷馬」。

是什麼方法讓法布爾能夠把自己的注意力全部用在研究昆蟲上面呢？在我們的學習中，又有哪些集中注意力的方法可以使用呢？

第一，要想集中注意力，先要學會轉移注意力。

你是不是有過這樣的經歷?當你站在講台上面對全班同學發言的時候，往往會顯得手足無措。其實，這是因為你的注意力完全放在了觀眾身上，沒有集中在自己的演講之上。所以，要想集中注意力，專心致志的去演講，首先要做的事情就是轉移你的注意力。

把注意力從無關緊要的事物上面轉移到自己身上，轉移到你正在進行的工作上，這能夠極大程度的消除你的自卑感和無助感，當你專心致志的去進行自己的學習任務的時候，才能夠將心態恢復到積極狀態中。

第二，不要人為分散自己的注意力。

我們每個人的精力是有限的，如果能夠將有限的精力分散到許多事物上，那麼也許每一件事情都辦不好。而如果集中精力，只去做其中的一件事情，可能這一件事發生的作用會比做幾件事還要大。試想，如果你同時讀三本書，則每一本都只能簡單的瀏覽而過;如果你把讀三本的時間用來把一本書讀三遍，就可以把這本書讀到熟透，真正了解作者在書中所要表達的意圖。分散和專注是兩個截然對立的行為，切忌三心二意、心猿意馬。

第三，注意休息，養成良好的睡眠習慣。

規律的作息能讓我們保持充沛的精力。學生主要的學習時間應該放在白天，在課堂上完成自己的學習任務天，並適時的讓大腦得到休息，會讓我們的注意力集中，產生較高的效率。拚命式的工作方法即使增加了工作時間，但卻會使注意力分散、效率低下。晚上休息充分，白天才會有足夠的精力去學習。養成規律的作息，不僅僅是對提升我們的注意力有幫助，而且更是保證身體健康的基本要求。

第四，要排除外界的干擾。

要集中自己的注意力，另一個方法就是要排除外界的干擾。

首先，我們應該給自己尋找一個清靜的適宜學習的地方，並且把能夠影響你認真學習的東西全部從眼前移開，保證在自己的視線之中只有學習的必需品。

其次，還需要清理自己的大腦，將腦海中無關學習的內容也全部清理乾淨。如此，才不會因為外界的一點點干擾，而把我們學習的思緒拉遠。

當你把注意力完全集中在某一件事情上的時候，才能夠在規定的時間裡面高效率的完成你的學習任務，最終達成自己學習的目的。

從四個方面激發學習興趣

在學習的過程中，我們總會碰到自己不感興趣的科目。但是，濃厚的學習興趣是使我們智力能迅速發展的養分，只有對該科目產生了興趣，我們才能學好學不懈。對某一門學科的興趣常能喚起我們廢寢忘食的鑽研欲望。

興趣是人才成長的起點，也許我們大家都是看過著名的喜劇演員查理．卓別林所表演的喜劇，而他的成才之路，也正是他從小就對模仿產生興趣開始的。

卓別林的母親是一位歌手，而父親則是一個大提琴手，當他僅僅四歲的時候，他就喜歡活蹦亂跳的跟著父母學跳踢踏舞和唱歌；在他小時候所生活的沃爾沃思東街上，曾經有一位駕馬車的老人，他的雙腿由於受了傷，所以在腳上穿上了一雙特大號的皮鞋，而且老人的褲子總是特別的肥大，經常在街頭走來走去，卓別林覺得這個形象非常有趣，於是就開始模仿，以至於到了後來，他進一步進行了創造，從而形成了他獨特的風靡全世界的藝術形象。

學習的興趣既然如此重要，那麼，怎樣才能培養自己的學習興趣呢？下面介紹四種培養學習興趣的方法：

第一，用學習目標去激發學習興趣。

對某一科目沒有興趣，根本的原因在於自己在這門科目的學習上存在著諸多困難。並且因為自己可能已經花了很多時間，但是收到的效果卻微乎其微。針對這種情況，我們應該在該科目上樹立起明確的學習目標，用既定的學習目標去激發自己的學習動力。

第二，從具有優勢之處著眼。

在上課的過程中，我們或多或少都會產生一種思想偏好，憑著自己對某一個科目的喜愛而在上面多花工夫。其實，這也是學習興趣的一種表現。在我們並不怎麼感興趣的科目上，你可以從整體劣勢中找出自己的局部優勢。比如說你不喜歡學習英語，但是可以從自己娟秀的字跡以及標準的發音上面尋找優勢，從而讓自己逐步樹立學習的信心，然後再去用心學習該科目的內容。

第三，運用成功激勵法。

每一門自己不感興趣的科目，都有可能是自己的弱勢科目。所以，在確立了對該科目的學習目標之後，在學習的過程中也往往是舉步維艱的。此時，你可以把學習目標分解，建立起各個分階段的目標。初學時，把要求放低一些，這樣，初步取得小勝利後，便能激起再挑戰的勇氣。每學一段時間都可透過自測來看看自己的學習效果，哪怕只是取得了微不足道的成績，也應及時肯定自己，這樣一來學習的興趣才會越來越高漲。

第四，先從自己最不喜歡的地方做起。

此種方法可以稱之為「先苦後甜」，是指在預習和複習的過程中，先從自己最不感興趣的科目開始讀起，而把自己感興趣的、擅長的科目放到最後去學習。這樣一來，你在被迫學習不喜歡的科目時，會正好是你精力最集中的時候，所以往往可以弄懂平時解決不了的題目，成就感便會油然而生。於是，你便會漸漸的發現自己原先如此排斥的科目，現在已經變得不那麼討厭了。

在現實當中，影響學習效果的因素有很多種，比如，學習的基礎、自身的條件、老師和家長的影響、整個社會環境的影響、學習的方法等。學習效果如何正是上述諸因素綜合作用的結果。但是只有在培養起學習興趣之後，才能從根本上去提高學習成績，從而讓自己的弱勢科目變成優勢科目。

利用思維導圖，提高大腦效率

思維導圖的基本概念已經存在很長時間了。但直到一九七四年才真正成為一種學習的工具和方法。

在一九五〇年代的英國，有一個叫托尼．布詹的男生到學校的圖書館去借書，當時他問圖書管理員：「在什麼地方可以找到一本關於人的大腦，以及如何使用大腦的書？」圖書管理員回答說：「請到醫學圖書部。」

「但是我並不想成為一名醫生，更不是要對大腦動進行手術，我只是想知道如何使用大腦。」托尼．布詹繼續說道。

「如何使用大腦？請問什麼叫如何使用大腦？」圖書管理員不解的問道。

「其實就是我覺得自己利用大腦的效率很差，想知道怎麼樣才能夠正確的使用大腦，讓我自己變得更聰明。」托尼．布詹向圖書管理員解釋道。圖書管理員這個時候略帶驚訝的搖了搖頭說：「對不起，這裡沒有這樣的書。」

就這樣，托尼．布詹帶著萬分的遺憾離開了圖書館，而就在回家的路上，他想著：「我們購買一件家用電器，比如洗衣機、電視之類的，裡面都會有非常詳細的使用說明書。而對於我們自己的大腦這樣重要的東西，居然從來沒有人告訴我們應該怎樣使用。

就這樣，托尼．布詹開始認真研究到底如何才能夠正確使用大腦，他花費了大量的時間，翻閱了歷史上很多名人的手稿，希望自己能夠從中找到聰明人思考的痕跡。除此之外，托尼．布詹還對大腦的生理結構做了大量的研究，最終他發明出了「思維導圖」這一有效的思維工具。

到了後來，他把這個工具用在了一個叫做芭芭拉的女孩身上，當時這個女孩不但是全校成績最差的學生，而且還被學校認定為有記載以來校史上智商最低的學生。

但是就在使用學習思維導圖一個月之後，芭芭拉的智商居然提高到了一百六十，而最後竟然是以高材生的身分畢業。

簡單來說，思維導圖就好像是一幅生動的描繪你所學到的知識整體和部分以及部分和部分之間關係的圖畫。

在通常情況下，思維導圖的中心就是所學資料的整體概念，然後就是與之相關的具體知識，它們是以這個整體概念為中心而向周圍輻射的。

當知識點之間有關聯的時候，要用各種方法把相關的知識點聯繫在一起，增強思維導圖的視覺效果。比如箭頭、分支、顏色等等。

當然，我們在運用的時候一定要清晰，這樣才能避免造成混亂。比如書寫一定要工整；在一條線上用盡可能少的詞，最好只有一個詞；與中心問題相連接的線條要比其他的線條要粗；使用的圖像要清晰；盡量使示意圖上的文字橫向排列；線條要足夠長，以便能在上面寫一些說明性的文字等等。

我們可能會發現自己所畫的示意圖和別人的不一樣，這時你不需要擔心自己的示意圖是否太過標新立異了，這種方法之所以卓有成效，其中一個主要原因就在於它可以很好的表現繪畫者的獨特思維，這是成功使用思維導圖的關鍵所在。

剛開始，你可能無法避免的會去進行一些模仿，但是只要你可以真正按照自己的想法畫思維導圖，那麼你這個時候就算是真正體會到了這種學習工具的威力了。

我們在畫示意圖時一定要注意分層和標明順序。分層是提醒你要從中間的主要概念出發，按照一定的順序，逐漸把更多細節和各級的層次發散開來。

標明順序，就是說你所學的知識基本上會有某種數字順序，比如年代，那麼你在畫示意圖的過程中一定要給每個目標編上序號，你甚至可以畫一些有顏色的箭頭符號，以便強調這種順序。

第三章　善於利用輔助工具

建立錯題集，學習更有效

為每一門學科準備一個筆記本，專門用來記錄自己做錯的題目。這樣對於提高學習效率的將會有很大的幫助。

那麼我們該如何使用錯題集呢？

第一，經常閱讀。

錯題本並不是把做錯的習題記錄下來就行了，我們還應該經常在空閒的時間或者是準備下一次考試的時候多次進行翻閱。

第二，相互交流。

由於每個人的理解程度不同，每一位同學所建立的錯題集也自然是不同的。透過相互之間的交流，那麼同學們就可以從別人的錯誤當中吸取教訓、得到啟發，從而提醒自己不再犯同樣的錯誤，進而提高答題的準確性。

第三，應該給每一門課程都建立一本錯題集。

每天在做作業之前，應該把昨天的做錯的題目檢討弄懂之後再去進行新的作業。

第四，對每道錯題都應該進行重新摘錄，然後再對錯誤原因進行分析、總結、最後將正確的解題過程寫出。

第五，在剛開始建立錯題集的時候，應該把本學期、甚至是上學期的所有錯題全部整理出來，這一點對於成績比較差的同學特別重要。

而且要注意的是：錯題集是否可以順利的建立和進行，一定要讓自己有一個堅定的恆心，假如出現半途而廢的情況，這就是對自己缺乏耐心和信用。只要堅持下來，理解錯誤，你很快就將欣喜的發現，錯誤變得越來越少，你也很快的能從繁瑣的錯題整理過程中感受到快樂和信心。

除此之外，你在錯題集中可以記錄以下幾項內容：

一、老師上課所補充的內容，而這些內容在課本上是不存在的，有一些深度或者難度而且又比較「典型、有代表意義」的題目。

二、自己在平時做作業過程中所遇到的，也是課本上所沒有的。

三、在以往的考試過程中曾經做錯的題目，要把正確的答案寫出來，並且注明為什麼做錯，為以後複習做準備。

四、把一些具有代表性的典型題目，比如表面看起來非常簡單，卻又一做就「錯」、裡面暗含「陷阱」的題目記錄下來，並標上醒目的記號，每次考試前就看一下，避免一錯再錯。

其實記錄錯題的學習方法，很多老師都讓學生們做過，但很多人不是沒有堅持下去，就是在實施的過程中沒能做到善始善終。

我們對知識的學習一般要經過三個階段：

第一階段「領會」：領略知識而有所體會。

第二階段「理解」：自己從道理上能接受，也將知識點弄明白了。

第三階段「掌握」：能隨心所欲的運用自如。

當老師或同學把「難題」講完，而自己「領會」了以後，把題目的正確解答法完整、正確的整理在錯題集中，過了一兩天後，再重新做一遍題目，此時千萬不要先看答案，注意在做題目時，一定要盡量的自己去想，把自己的想法、思路盡可能的落實到紙上，如果能把答案完整無誤的寫出來，則證明該題自己已經完全掌握了。

如果做不出來，就必須去了解清楚自己在什麼地方存在著問題，因為哪

建立錯題集，學習更有效

一部分掌握不好而做不出來。然後，把自己做題的方法與正確解題法進行對照，找出真正的「癥結」所在。接著把「癥結」的情況在題目的旁邊寫上。再過一段時間，仍然按照上面講的去做，如果又不做不出來了，就再去看答案，這時就會對「癥結」有很深的印象。

當你把一種類型的題目解決了，再去把新類型的題目往錯題集裡收錄，然後再透過這種循序漸進的方式一一進行解決。在各科的學習中，題目的變化是多樣的，但究其根本，類型是非常有限的，這也就是「萬變不離其宗」的道理。

錯題集可以便於我們考前進行複習。在考試開始前，對自己以前所犯的錯誤查漏補缺，再進行一次鞏固，這樣一來我們才能更好的記住和理解知識。

總之，透過做錯題集能讓我們做到：只要是老師講過的，只要是自己曾經做過的，只要是自己曾經錯過的，都可以保證下次不再犯同樣的錯誤，至少再次遇見同類題型的時候不會犯錯，這樣長期下去我們的學習效率就會顯著的提高。

利用廣播學習

廣播學習法這其實是一種很老，但仍然非常實用的學習方法。其實「廣播學習法」，就是指透過利用錄音資源來進行學習的一種方法。其實，現在的中小學生，很多都已經用聽線上廣播來學英語了。

學習英語的方法、途徑雖然多種多樣，但絕大多數的學生們都還是按照傳統的方法來學習，而利用廣播學習英語不僅能夠提高英語學習的效率和水準，而且還能鍛鍊同學們英語的聽說能力。

利用廣播學習英語，可以讓同學們聽到口音純正的英語，線上平台裡面的英語廣播節目所使用的語言都是比較規範和準確的，特別是英國廣播公司新聞、美國之音、國立教育廣播電台等這樣的廣播電台，他們能夠為我們提供非常準確的語言範例。

其實，英語廣播節目具有其自身的特點，那就是具有很強的時效性。所以，無論是我們所收聽到到的內容，還是所聽到的語言，這些往往都是非常鮮活的，並且具有鮮明的時代感，那麼這樣一來，就可以彌補我們日常學習當中的不足。

那麼同學們怎麼才能更好的來運用廣播這個媒介學習英語呢？

第一，要選擇一台合適的播放平台。

「工欲善其事，必先利其器」，好的學習工具能起到事半功倍的效果。要想能清楚、準確的收聽到英語廣播節目，那麼最好選擇一個訊號品質良好的線上收聽、收看平台。

第二，要制定一個切實可行的收聽計畫。

第三，一定要循序漸進，堅持不懈。

利用廣播學習英語一定要循序漸進、堅持不懈，不能「三天打魚兩天晒網」。只有有計畫的收聽，才能養成按時收聽的習慣，這樣我們才能學習到更多的詞彙和培養、提高我們的聽說能力。

其實擴大詞彙量是利用英語廣播學習英語的一個重要目的。電台的英語廣播節目會為我們英語詞彙的學習提供大量具體、生動、真實的範例。因此我們應該利用好英語廣播節目學習生字、片語、成語及習慣用語、流行詞語，並注意學習掌握一些常用詞彙的不同用法，從而豐富充實自己的詞彙庫。

當然，在豐富我們英語詞彙量的同時，堅持收聽英語廣播，聽力會自然而然的提高。但在培養聽力時，一定要有計畫性和針對性，注意處理好泛聽與精聽的關係。

另外，利用廣播來學習英國，還能讓同學們累積英美文化知識，提高英語綜合能力。

由於英語廣播節日十分豐富，能為我們提供大量有關英美等西方國家的文化背景知識。比如說英國廣播公司新聞的英國生活、西方音樂的故事、澳洲生活等。它們能使我們了解這些國家的歷史、地理、人文、風俗等多方面的文化背景知識。

特別是一些新詞、新流行用語都會率先在英語廣播中出現。如黑箱作業、爆冷門，等最新的專有名詞，這些流行用語表達都是在英語教材中無法及時收錄的，但學生透過英語廣播的學習，可以達到即學即用的效果。

所以，我們在利用廣播學習英語時要注意在這方面進行累積。這些對於提高同學們的英語綜合水準和能力有很大的幫助。

利用手機提高學習效率的三妙招

手機在日常生活中隨處可見，但是，我們很少有人將它的學習功能發揮出來，大多是用來聽音樂作為娛樂。

蔡明欽是一名剛剛進入中學的學生，當時蔡明欽的媽媽為了獎勵蔡明欽學習努力，特意為他買了一個手機。當時蔡明欽非常高興，因為他從小就很喜歡聽歌，什麼類型的歌曲都愛聽。可是蔡明欽並不知道手機可以和隨身聽之類的工具一樣，用來學習英語。

後來有一天，蔡明欽發現自己的好朋友也有一個和自己一樣的手機，於是他問朋友在聽什麼的時候，朋友的回答才讓蔡明欽恍然大悟，原來手機上有許多應用程式是學習英語的方便工具，不僅可以隨時收聽課本上的內容，而且還可以收聽英語廣播。

如果將手機用於學習，一定會收到很多意想不到的效果。那麼，怎樣才能將手機的學習功能發揮出來呢?利用手機學習的方式有哪些呢?

第一，用聽代替讀，提高學習效率。

利用手機學習的主要方法就是以聽代讀，傳統的學習方式就是廣泛的閱讀，擴大自己的視野。但是，隨著時代的需求，我們在忙碌的時間裡仍然需要學習，特別是對於很多人來說，除了要正常的去學校學習以外，還要參加各種補習班，根本就抽不出時間來讀書，那要怎麼才能提高學習效率呢？現在你就可以用「聽」來達到「讀」的效果。

利用手機學習，是現代人的一種新的學習方式。有人說：「手機基本上用來進行英語聽力和口語訓練，另外，還透過線上收音機收聽一些廣播電台等教育類節目。」

很多同學們都認為：「現在對英語的要求越來越高，以前的『啞巴英語』式學習已經被淘汰了，所以我們不得不加強英語聽力訓練。現在幾乎每一個人都有一台手機，而且，這也是英語老師在課堂上所強調的。」

對於大家來說，手機的影響力無遠弗屆。現在，有很多書籍都製作成電子書，或者錄成錄音檔。比如，名人演講音頻，學者的知識講座音頻等等。我們可以透過聽的方式，獲取自己原來只能透過讀來獲得的知識。

第二，用音樂緩解學習壓力。

曾經有一位農學家做了一個實驗：放點愉快的音樂給正在產奶的乳牛，所產出的牛奶量就會多一點。可見音樂能使一個人擁有振奮的情緒，使思考變得順暢，如果將音樂與學習系統的結合起來，當你學習感到疲倦了的時候，就放一點輕柔的音樂，調劑一下緊張和勞累的情緒，這樣有利於提高學習效率。所以，當我們的學習感到勞累的時候，可以適當的放一點輕柔的音樂，調節學習氣氛。

第三，利用手機可以隨時隨地的學習。

因為手機的攜帶比較方便，無論到什麼地方，都可以拿出來學習，這一點是手機最主要的價值與便利性。

當然手機還有一個重要特點就是能夠反覆的進行學習。當我們對一個知識點、對一個單字的發音拿捏不準、對所學的東西有所遺忘的時候，可以透過手機來反覆練習，直到弄懂了為止。

透過光碟學習，提升自學能力

隨著科技不斷的發展以及各種教育方式的出現，錄影教程也相繼問世。這些課程一般都製成學習光碟，大家透過收看學習光碟就可以進行學習。

在學習過程中，就拿識字學習來看，透過光碟，生字就會隨文而出，接著在詞句中認讀，再加深認識生字，最後口頭造句，更加熟記生字。

比如在小學國語課本中有《北風》一課，學生可以利用光碟來自讀課文；接著按照光碟中教師範讀課文，再自己自讀，圈出生字，認讀成語；最後進行生字的解釋補充，再一次熱讀認識生字。

其實，利用光碟學習除了能很好的認識生字、生詞之外，最為重要的是培養學生的整體自學能力。

當然，任何事物都是具有兩面性的，透過光碟學習既有優點也有缺點。如果大家想得到一個高效的學習效率，獲得一個優秀的學習成績，就需要你充分利用光碟學習的優點，克服它的缺點。

透過光碟來學習，我們可以充分利用學習光碟的收聽自由性合理掌握學習的時間，保持頭腦清醒，從而提高學習效率。

學習光碟的內容可以多次重複播放，這樣就有助於我們對知識反覆進行學習，直到掌握為止。當然如果大家覺得學習疲憊的時候，也可以邊做別的事情邊學習，比如你可以在修剪花木或做飯時聽學習光碟；在健身或熨衣服時收看學習光碟，可以說是一舉兩得。

由於學習光碟便於保存，所以它還是我們一份永遠有效的課後複習資料，能隨時的為我們複習提供幫助。

但是，學習光碟也有它自身的一些不足，比如它不像真實課堂那樣，有一個固定時間和地點。因此，如果你缺乏自控和自律的能力，或是你在看或聽的時候不能像上課時一樣集中注意力，也不能像上課那樣積極思考、詳細的做筆記。很多人都是考試前，才把錄音（錄影）資料一次性的聽或者看完，這樣雖然有了學習的速度，但是卻沒有了學習效果的保證。

由於學習光碟具有隨意性，這種學習方式你可以隨時中斷，久而久之你就會對中斷習以為常，從而使學習缺乏連貫性和系統性。在這類學習中，你的學習可能比較被動。因為不管怎麼樣，都不會漏掉任何資訊，漏掉的地方只要再重新播放一遍就可以補回來。在知道這一點後，你在看第一遍錄影時就容易偷懶，所以我們一定要讓自己全身心的進入學習狀態，這樣才能收到良好的學習效果。

除此之外，課堂上的學習是可以進行面對面的交流。雖然如今絕大多數的遠端教學，我們都可以透過電話、視訊，或者是電子郵件與老師進行聯絡，但這都不如課堂提問來得及時，所以我們透過光碟學習若是遇到了問題時，還是要及時找老師尋求幫助。

當然，如果你已經選擇了這種學習方式，你可以透過下面這些方法來克服它的不足：

第一，像對待真實課堂一樣的對待每一次學習。

在透過光碟學習的時候也要認真的記錄筆記，並完成每一次的課後作業。

第二，培養「一開始就要做好」的態度。

消極的學習不僅浪費了大量寶貴的時間，還浪費了我們學習的精力。如果剛開始你都不能全身心的投入到學習中去，那你如何能把整個學習過程堅持到底呢？

所以，我們透過光碟來學習，一定也要像在學校學習一樣，才能收到良好的學習效果，提高我們的學習成績。

合理利用電視學習，提高效率

資訊傳遞的方式在今天看來，已經發生了翻天覆地的變化，而且發展速度也越來越快。其實這樣一來，給我們帶來的最大好處就是縮短了人們獲取資訊的時間，從而提高我們的工作效率和學習效率。

舉個例子來說，在二十年之前，你可能只能夠透過看報紙、讀文章來獲取資訊，在那個時候，電視還不像今天這麼普及，最快的話你也需要在第二天才能看到新資訊。

可是現代化的通訊設備讓我們獲取資訊的時間大大縮短，假如你現在是一位商人，今天上午國家推出了什麼政策，國際上發生了什麼事情，那麼你在下午，甚至是在中午吃飯的時間就已經了解的非常清楚了。

而資訊傳遞速度越快，人們的工作效率和學習效率相應的就會大大提高，比如以前買東西需要去購物中心，現在買東西在家裡用電腦購物就可以了；以前做生意談判，要坐火車、飛機等花費很長時間，可是現在，只要你打開電腦，或者用手機，就可能可以做成一單生意。相比之下，現代化的通訊設備為人們節約了大量的時間和成本。

所以，透過電視來學習，不但可以大大減少浪費的時間，還提高了學習的效率。

透過電視來學習的特點就是增加了視覺在學習中的作用。現代神經心理學實驗證明，多種感覺器官並用來學習的話，要比一種感覺器官單獨記憶的效果好得多。

根據一項研究發現：人透過聽覺獲得的知識，能夠記住的僅僅有百分之十五；而從視覺獲得的知識，能夠記住的達到百分之二十五；而如果把聽覺和視覺結合起來，同時進行記憶的話，那麼所獲得的知識可以達到百分之六十五。由此可見多種感覺器官協調作用的重大意義。

透過電視進行學習，自然就可以充分調動眼睛、耳朵、大腦等多種器官的積極活動，有利於提高學習的效率。

由於電視的內容多種多樣，對我們學習活動的影響是不同的，我們透過電視可以學到更多的知識，這樣對於豐富我們的課外知識，拓展我們的思維有很大的幫助。

很多優秀的同學的知識都是從那閃爍的螢幕上學來的，如今，雖然五花八門的電視節目讓我們感到眼花撩亂，但是只要我們能夠在老師和家長的正確指導下選擇節目，就能夠達到充分的利用電視所發揮的積極作用。

其實，如果我們能夠正確、合理的利用電視，它也可以是個很棒的學習工具，比如美國在一九五〇、一九六〇年代開始播放的「芝麻街」和深受幼兒喜愛的「巧虎」，這些節目到現在仍幫助孩子們在童年階段學習閱讀、數數、學習社會化等方面大有助益；以及公共電視的自然科學節目，也教導孩子從各方面去認識世界以及生活在其中的生物。這樣才不至於束縛孩子們的天性。

我們可以給自己制定看電視的規矩，這樣做既可以有效的進行課外知識的學習，又不至於耽誤正常的學習時間。此外，我們還要把看電視與看書、參觀、遊戲等活動結合起來，使各種知識能互相結合，使其更加系統化、更加容易記憶，也有助於培養我們的創新性思維。

利用網路學習，充分利用資源

網際網路的資訊豐富多彩，包羅萬象。在網際網路上，你可以在最短的時間裡得到你想知道的資訊。比如你可以透過網路在幾秒鐘內到英國的大英博物館中去查閱你感興趣的資料。

我們在網際網路上不僅可以獲取全球範圍內的各類資訊，還可以收發電子郵件，召開視頻網路會議，進行網上購物，玩網路遊戲，更可以進入網路課程學習……

網頁搜尋引擎已成為網路中搜尋資訊資源必不可少的工具。在網際網路上既有大型綜合性搜尋引擎，也有存在於網站主頁中的搜尋引擎。它們各有特點，各有所長，能在不同的需求下滿足獲取網頁資訊的需要。

上網對我們還是有很多好處的：

第一，可以開闊視野。

上網可以讓我們及時了解時事新聞，獲得各種最新的知識和資訊，這對於以後的學習和生活都將起到很大的幫助。除此之外，上網還可以充實頭腦，我們只要留心，那麼就可以學到很多課堂上所學不到的知識，從而擴大自己的知識面。

第二，可以對外交流。

很多學生總是懷疑自己、缺乏信心，不敢與外界對話、交流。但是現如今有了網際網路，就可以澈底克服這個心理障礙，而且在對外交流的過程中，還開闊了自己的視野。

特別是網路為教育資源的交流提供了便捷的通道，老師、學生都也可以透過網際網路登錄到各類教育網站獲取學習資訊。

第三，可以促進學生的學業。

學生的本職任務就是學習，而網路的遠端教育會給學生帶來無窮的益處。一般學生學習知識只能夠局限於自己的學校和一些課外的書籍，傳授其知識的老師也只有幾個，可是如果上了網，學生就可以在一個個內容豐富、名師滿堂的網站中任意翱翔，「有問必答」、「歷年題庫」、「專題講座」、「考前輔導」等，許多分類細緻合理的單元能讓學生的學習成績突飛猛進。

除此之外，一般學生做題目只能靠一些參考書或數量有限的卷子，現在只要上網，網上各種試卷和典型題目應有盡有，學生可以任意的選擇。

想要在網路上的學習也能夠有高的效率，就需要懂得一些查找學習資源的技巧，下面向大家介紹一下搜尋引擎的主要搜尋技巧。

技巧一：使用邏輯語進行查找。

比較大的搜尋引擎都支援使用邏輯語來進行比較複雜的搜尋界定，而常用的邏輯語包括和、或、否等，恰當的運用它們可以使搜尋結果十分精確。

技巧二：使用引號，讓查找更精確。

如果你需要查找的是一個片語，或者是多個漢字，那麼最好的辦法就是將它們用引號括起來，這樣得到的結果最少，而且最精確。

技巧三：注意細節。

在網際網路上搜尋時，如果能注意一些細節問題，比如區分字母的大小寫，常常能提高搜尋結果的精確度。因此，在輸入的關鍵字中要正確使用大小寫。

技巧四：將搜尋範圍限制在特定領域。

比如在雅虎奇摩搜尋引擎中，若你要查找的是與中小學教育有關的知識，那麼你沒有必要在其他分類中搜尋查找，可以直接進入中小學教育這一類，選擇「檢索此目錄下的網路」，然後再開始新搜尋。

技巧五：使用加減號進行限定查找。

很多搜尋引擎都支援在搜尋關鍵字前加上加號，表示限定搜尋結果中必須包含的詞彙，加上減號則是限定搜尋結果中不允許包含的詞彙，例如總是重複出現的某些廣告的關鍵字等等。

技巧六：根據要求，選擇查詢方法。

如果需要快速找到一些相關性比較大的資訊，那麼則可以使用分類目錄式的搜尋引擎進行查找，例如使用奇摩搜尋，若你想得到某一方面比較系統性的資源資訊，可以用目錄一級一級的進行查找。但如果要找的資訊比較冷門，則應該用比較大的全文檢索搜尋引擎查找。

技巧七：有針對性的選擇搜尋引擎。

用不同搜尋引擎進行查詢，得到的結果往往是有很大差異的，這是因為他們設計的目的和檢索方向有所不同的原因。

技巧八：細化查詢。

許多搜尋引擎都提供了對搜尋結果進行細分，以及再查詢的功能，比如有的搜尋引擎在結果當中有「查詢的類似網頁」的按鈕，點擊它可以得到新一輪的查詢結果。

總之，如果我們能夠合理、準確的運行搜尋引擎來查找我們所需要的學習資料，那麼學習成績肯定會得到顯著的提高。

巧妙利用工具書解決疑難問題

書籍浩如煙海，知識更是無窮無盡。當我們在讀書的時候，避免不了會碰上這樣或者那樣的問題，而我們為了能夠順利解決這些問題，就只好借助於工具書了。

工具書就是一種比較完備的彙集某一方面的資料，並按照特定的方法編排起來，以供檢索文獻資料和解釋疑難時查閱考察的圖書。

工具書具有知識性、資料性和檢索性等特點。

知識性是由於工具書所收集和傳遞的知識具有內容廣泛這一個特點，而對於其主題學科範疇內知識更可以說是包羅萬象、應有盡有。

資料性則是由於工具書收集的資料古今中外都有，而且是詳盡無遺。

檢索性是由於工具書所收集到的資料通常都是按照一定的編排方法組織起來的，而且形成了一定的知識系統，方便我們進行查找，這樣就能夠起到「指引讀書門徑，解決疑難問題，提供參考資料，節省時間精力」的作用。

工具書的作用也是多方面的。當我們在看書學習的時候，如果遇到難

巧妙利用工具書解決疑難問題

字、難詞，以及一些弄不明白的成語典故，這些都需要我們查字典、詞典；而且在學習或者工作當中，也要了解國際、國內的時事資料與統計資料，並且需要參考年鑑、手冊；研究問題、寫作論文也必須廣泛的收集資料，更是離不開各種書目、文摘、索引、百科全書等等。特別是對於一個讀者來說，若想要自學，並且是獨立從事科學研究，那麼該如何在浩瀚的書海當中迅速準確的查找到需要的資料，這可以說是一個具有重要意義的問題。而想要解決這個問題，就必須借助於工具書。

幾乎每一個人都使用過工具書來幫助學習，我們都知道工具書是學習的好幫手。當我們遇到某一個知識問題不明白而且請教老師或者其他朋友都不方便時就可以利用工具書來進行查找解惑。

雖然工具書是一個學習的好幫手，但是很多人卻不知道如何有效的使用工具書，有些人甚至錯誤的認為工具書內容越豐富、頁數越多越好，其實，這些認知都是錯誤的。工具書的作用是幫助我們學習，如果買一些對學習沒有任何幫助的工具書，即使那是一本內容非常豐富的書又有什麼用處呢？那麼，我們具體應該怎樣購買和使用工具書呢？

第一，百科全書。

《百科全書》到至今為止仍是內容最為豐富的工具書，但是真正使用百科全書的人卻沒有很多，問題就出在百科全書的內容太豐富，對於一般的學習的人來說查找是很不方便的。

但是儘管《百科全書》在使用上有很多不方便的地方，但畢竟它的內容十分豐富，所以依然受到很多人的青睞。《百科全書》確實是學習的好助手，只要你能夠很好的使用它，就能夠從中獲得許多知識。

另外，也有很多人說《百科全書》查找不方便，那可能是因為平時使用的頻率不高，如果使用次數多了便能熟能生巧。再者，在編撰《百科全書》的時候，編撰者早就已經考慮到查找方面的因素了，所以每套《百科全書》查找都是有方法可循的，只要你能夠掌握查找的方法，就能夠很好的善用《百科全書》。

第二，專業工具書。

在實際的學習過程中，為了提高學習效率，我們最需要的往往是具有針對性的專業工具書。比如，專門學習地理的人們會就需要有關地理方面的工具書。這時候，如果還是使用《百科全書》的話，就會有點耽誤學習效率。所以我們就要使用對知識介紹更加精細的專業工具書。

第三，購買工具書的注意事項。

工具書固然重要，但必須要是對自己有幫助的才能購買；否則，也只是浪費金錢和時間而已。所以我們在購買工具書的時候，必須要講求實用性。

實用性除了要針對自己的需求做選擇以外，即使是確定了方向，還要詳細的做比較，直到找出對自己最有幫助的工具書。

比如說，我們在購買國文方面的工具書時，首先要確定自己到底是需要哪一方面的國文書籍，是詩歌？還是作者介紹？當我們明確了這一個大方向以後，還要針對自己具體的學習程度做出一個選擇。

如果我們購買了一本不適合的工具書，其學習助手的功能就不能充分的發揮出來，當然也就失去了購買的作用。

總體來說，工具書是我們學習的好幫手，只要我們能夠合理的運用，將會對學習有很大的幫助。

第四章　隨時調整學習心態

保持積極學習心態的妙招

拿破崙．希爾曾經說過：「成功人士的首要標誌，就在於他的心態。一個人如果心態積極、樂觀的面對人生、樂觀的接受挑戰和應付麻煩的事，那麼他就成功了一半。」在這個世界上，有的人遇到壓力時只是挑選相對容易的倒退之路：「實在不行了，我還是退縮吧。」結果就陷入了失敗的深淵當中。可是，當你積極的認為「我一定能行」、「辦法總會有的」的時候，就能夠從內心中升起一股嚮往成功的力量，促使著自己不斷向前進。

同樣，對於正在求學的學子來說，心態也非常重要。如果能擁有一份積極健康的心態，並且懂得如何去利用這種心態的力量，從而把壓力轉換成動力，就一定會成為一個品學兼優的好學生。

富蘭克林．羅斯福從小就是一個非常脆弱和膽小的孩子，而且在他的臉上還經常顯露著一種驚懼的表情。當被老師叫起來背誦課文的時候，他會立即雙腿發抖、嘴唇顫動不已，回答也顯得含糊且不著邊際，然後答完他就會沮喪的坐下來。此外，他還長了一副暴牙。富蘭克林雖然有些缺陷，但他卻有著積極的心態。他的缺陷促使他更加努力的去奮鬥，並沒有因為有些同學對他的嘲笑而減少了勇氣。後來，他憑藉著自己的努力，終於當上了美國總統。

那麼，對於我們來說，如何在學習中培養積極的心態呢？

第一，我們要學會「假裝」。

安東尼．羅賓指出，如果你想要擁有一份積極的心態，那麼有一種方法，那就是「假裝」。有句老話說得好：「如果你想無所不能，那就裝得無所不能吧！」如果你把自己扮演成一種很活潑、很有活力的模樣，那麼很自然的你就能進入那種狀態之中。生理狀態和我們的內心是密不可分的，如果你能改變其一，另一方則必定隨之而變。

第二，我們要學會培養積極的心態。

培養積極的心態也需要練習，這個練習的過程大致分為以下幾個方面：

一、切斷和你過去失敗經驗的所有關係，從而消除你腦海當中與積極心態背道而馳的所有不良因素，讓失敗的考試和不良的情緒遠離你。

二、在腦海中極力去想像你所渴望的成功場景。告訴自己只要再多付出一點努力，就能夠實現目的。

三、明白了自己的目標之後，制定一個實際可行的計畫。但是要記得，計畫不能太過度也不要太不足。

四、每天對自己說一些令人舒服和開心的話語，你可以利用小卡片等形式寫下一些激勵人心的話，讓自己時時刻刻都可以受到這些話語的激勵。

五、當你一時半會找不到解決問題的答案時，不妨先幫助其他同學解決問題，也許就能夠從中找到你所需要的答案。因為當你在幫助別的同學解決問題的時候，其實你同時也在觀察解決自己問題的方法。

六、把你的全部精力用來做你想做的事，千萬不要三心二意、留半點思維空間給那些胡思亂想的念頭。

第三，要學會看待事物的兩面性。

任何事物都有相反的兩個方面，因此，在學習的過程中我們當然也會經歷波折。這個時候要明白，事情有好的一方面也必定會存在不好的一方面。學會用積極的心態去看待自己的成功與失敗，才是你逐漸走向成熟的標誌。

積極的心態有助於我們克服學習路上的難題，是我們走向成功的起點。時常保持一種積極的心態，才能在經歷過艱難困苦之後，迎來燦爛的一片天空。

減輕學習壓力的五大方法

人的一生中總會遇到各種壓力，特別是在學生時代，壓力顯得更為嚴重。而這些壓力有的是來自學校老師，有的則是來自家長、同學、社會，甚至有的壓力是來自於自己的。

現在社會衡量學校好壞的標準幾乎都是升學率，升學率高的學校也往往更容易得到廣大家長和社會的認可。

在這樣的一個標準之下，學校和老師都會以學生成績為重。為了讓學生能取得優異的成績，他們會強調學習而忽視其他的活動。各科的老師都會給學生安排大量的複習作業，而學校則為學生安排了各式各樣的考試，例如課堂測驗、月考、期中考試、期末考試、模擬考試等等。很多學生在此期間，除了學習幾乎什麼都願意忽略。學習和考試使學生的生活顯得緊張枯燥，加上學校和老師要求他們取得優異的成績，這無疑給學生造成了莫大的壓力。

每一個家長都是望子成龍、望女成鳳，希望自己的孩子能夠出人頭地，在孩子上學的時候，他們最關心的就是孩子的學習成績，希望他們學習優異。

一些家長甚至早早的就為孩子設定了將來的目標和成績。然而有的家長對孩子的期望容易脫離實際，忽略孩子們的具體情況，而對他們期待過高，這也容易引發學生的壓力感。

有的學子心中懷著遠大的理想和抱負，希望能透過自己的努力學習，實現以後能夠考上自己理想大學的願望。

適當的壓力可以轉化成學習的動力，但如果壓力過大，則往往會出現各種焦躁的症狀，最終影響到我們的學習。因此，我們需要學習一些化解學習壓力的方法。

第一，首先要改變自己。

壓力可能是來自多方面的，而促成壓力的原因也是各式各樣的。要真正澈底的化解學習壓力，需要經過眾多複雜的環節和行動。而如果想要把壓力轉換成學習的動力，則更需要一種強大的精神作為支柱。在壓力越來越大的時候，我們往往無法改變外界的環境，那麼就只有依靠自己的行動來化解壓力了。如果我們自己的化解方法恰當，便能夠有效的解決壓力。有效的行動有多少，化解的效力就有多少。

第二，正視壓力的存在。

事實上，我們每一個人都有一定的學習壓力，只不過各自所感受到的壓力程度不同而已。即便我們希望沒有壓力，但是面對這種矛盾我們依然會增加煩惱，這其實也是壓力的一種。

而且，我們往往會陷入這樣的一個怪圈，越被煩惱所困擾，就越希望沒有煩惱。當我們經常想這個問題的時候，其實就是在不斷的對自己施壓。越強烈的渴求沒有煩惱的話，反而感到的壓力也就越大。因而，我們若想從主觀上淡化學習壓力，就首先要正視壓力的存在。只有知己知彼，才能取得勝利。

第三，把壓力轉化成實際行動。

壓力產生動力，而動力則會直接產生實際的行動。所以，任何一個事物都有兩面。我們不應該只看到壓力其有害的一面，而應學會如何去運用壓力其有利的一面，才是真正化解壓力的有效方法。

壓力只要不超過極限，就會產生動力。因此，學會適當給自己施加壓力，是促進學習不斷進步的一種表現。

第四，化解壓力，轉移注意力。

壓力永遠不會消失，它隨時都存在於我們身邊，只是你不曾發現。當你感覺到在某一個科目上不存在壓力的時候，那就說明它已經轉移到了其他方面。覺得英語有壓力時，國文就有可能沒有壓力；文科有壓力時，理科就有可能沒有壓力。總之，要及時尋找到自己的壓力所在，才能對其採取行之有效的方法去化解。

與此同時，如果我們把精力集中到沒有壓力的那一方面，那麼我們就會找到愉悅的感覺，從而淡化壓力的存在。學會轉移注意力，也是化解壓力的有效途徑。

第五，腳踏實地的去學習。

人無完人，每個人都存在著缺點和不足，我們要學著從正面看待自己的缺點和不足。根據自己的實際情況，制定學習的計畫。不能好高騖遠，一味奢求遙遠的成功而不肯付諸實際行動。人的精力和時間都是有限的，當我們踏踏實實、一步一腳印的走過去之後，才會發現自己的收穫與成功。要把所有的精力全都用在奮鬥之上，而不是對成功的奢望之上，最終才能衝破學習的壓力，贏得成功之時的喝彩聲。

總之，我們要以開放的心態去面對世界，包容他人並且善待自己，發揮自己的優勢，一切都應該從認清自己出發。這樣才能把身上的壓力轉換成動力，才能促使自己在學習的海洋孜孜前行，永不放棄對真理的尋求。

遠離厭學情緒

厭學情緒的主要特徵就是對學習毫無興趣，把學習看成是一種負擔、一件非常痛苦的事情，嚴重的話甚至不能從事正常的學習活動，經常出現蹺課或曠課的情況，甚至導致輟學。

志偉曾經是一所普通中學的優等生，他的成績在班上一直都是前三名。可是，當他考上一所臺南一中之後，第一次期中考試志偉居然只考了第三十名。這麼一來志偉變得非常焦慮，感到壓力很大，甚至覺得在臺南一中裡面高手如雲，而且高中的課程太難，自己根本比不上別人，於是考試成績就更是一次比一次差，就這樣，慢慢產生了厭學情緒。

造成校園恐懼症的成因有很多，家長的過高期待、老師的授課方法與自己的學習方式不合等都可能造成厭學情緒。然而，這一切都是外因，真正起到決定性因素的還是我們自己。

從我們自身來看，學習目的不明確、對學習沒有興趣、自制力較差、懶惰、放縱等等不良習慣都是造成厭學因素的原因。因此，想要澈底改變自己的厭學情緒，就需要我們從外因和內因兩個方面去著眼。

我們要從導致厭學情緒的原因下手，來尋找根治校園恐懼症的原因。

第一，學習本身就具有局限性。

學習本身就是一個十分複雜的心理活動的過程，要完成這一個過程，需要我們耗費極大的腦力和體力。因為想要讓學習成績有所提高，就必須要高度集中自己的注意力去聽老師講課，而長時間高度的精神緊張必然會帶來心理上的疲倦感。而且，學習的週期一般都很長，因此我們在學習的過程中很難得到真正的放鬆和休息，厭煩的情緒也就隨之而產生。

針對這種情況，我們需要做的就是及時調整自己的學習方法和學習時間，在保持成績的前提下保有適當的休息。並尋找不同的放鬆方式，及時緩解自己在學習中產生的壓力和不良情緒，避免厭學情緒的滋生。

第二，學習的動力不足，目標不明確。

在學習的過程中，我們難免會受到一些外界觀點的影響，從而造成「讀書無用論」的盛行。又或者是把讀書當成了應付家長和老師的差事，而沒有考慮進自己的理想和抱負。時間一長，厭學的情緒也就逐漸浮現出來。

我們首先需要做的就是明確學習的目的。學習從來不是一件任務，而是我們需要掌握的一種技能。雖然學習是一件苦差事，但是只要我們堅定信念，勇敢的堅持下去，就一定能夠取得最後的勝利。

第三，自身對學習缺乏興趣。

很多同學會對學習產生冷漠感。究其原因，一方面是因為課業負擔過重，導致學習興趣下降；另一方面是因和老師之間的感情不合，導致自己對該科目失去興趣；還有一方面就是來自各方面的消極評價打擊了我們的自信心。那麼，這個時候我們應該怎麼辦呢？

首先，作業是一定要完成的，但是倘若我們能夠用更有效的方式掌握住了知識重點，那麼就可以少看一些課外資料。而且，要能明白我們不喜歡的只是這一個科目的老師，並不代表自己不喜歡這一科目。在學習的過程中，如果沒有人肯定你，那麼不妨自己時常給自己一些肯定，消除各方面的負面評價，重拾學習的信心。

樹立自信不可少的三種方法

我們在做任何事情的時候，都離不開自信心。所謂自信心，是指個人對自己的信念、能力和力量的正確認識和評估，相信自己有能力面對現實，解決難題，獲得成功。自信心源自於對自己的正確評價，即正確看待自己的優點和缺點。對於我們自身的優點，應該加以肯定；對於我們存在的缺陷，也應該予以正視並且及時改正。因此，一個人自信心的來源，是建立在他對自己的綜合評價認知之上的。不盲目自大，也不妄自菲薄，相信自己的能力，充分做到揚長避短才是樹立信心的前提。

王資征的學習成績在班裡屬於中下游水準，但是好強的王資征不想總是落在最後，他想要自己的學習成績有所進步，於是他就給自己制定了學習計畫。

可是一學期的時間過去了，王資征的成績還是沒有提高。結果納悶的王資征只好找到老師進行求解，說：「老師，我已經制定了學習計畫，成績怎麼還是無法進步呢？」老師一看王資征的計畫，笑了，對王資征說道：「你雖然制定了計畫，但你的計畫太籠統了，你只有長期計畫，沒有短期計畫；而且你的計畫目標也定得太高了，並不符合你自身的情況。這樣一來你肯定在實施計畫的時候，就失去了自信，漸漸的就沒有嚴格的按照計畫學習了對吧？讓老師來幫助你制定一個合理的計畫吧。」

美國心理學家曾說過：「面對成敗難料的事業，取得成功的唯一條件就是信心。」學習也是一樣，只有樹立起了足夠的自信心，才能夠在困難面前不低頭、在好成績面前也不驕傲，一步步的留下踏實的腳印。相信自己會成功，是學習成功的重要心理保證。

那麼，究竟怎樣才能樹立學習的自信心呢？培養自信心有哪些方法呢？下面介紹幾種培養自信心的自我訓練法。

第一，自我暗示法。

在日常的學習、生活之中，我們常常會因為成功而受到眾人的誇讚，也常常會因為一次的失敗而遭到他人的惡意嘲諷。想要培養在學習上的自信心，採用自我暗示是很有效的方法，經常進行自我激勵、自我暗示，給自己反覆灌輸「我能成功」的積極思想，從而在腦海裡面形成堅定的信念。並且要多回想成功的經歷，消除失敗給自己帶來的陰影。長期堅持下去，就能夠透過暗示的方法使自己處於一種良好的精神狀態之中，更加有利於高效率的完成學習任務。

第二，學會正確評價你自己。

我們自信的來源，是對自己正確的認識。若想要全面客觀的認識自己，就要時常進行自省。反省自己在處理事情的時候，為什麼會做錯？又為什麼會成功？認真的總結自己一段時間內的學習情況，然後記錄下來，並與上次情況進行比較，不斷的進行自我調節以克服不足，以達到新的高度，從而增強個人的自信心。

同時，在面對他人的評價時，一定要有正確的態度，從中找出積極的成分來激勵自己，千萬不能被別人的批評誤導了自己的方向。

第三，透過獲取成功來建立自信。

按照自己制定的學習目標和學習計畫，有條不紊的去執行，當你成功的時候，才會感受到那份喜悅，也更能夠增強自己的自信心。因此，在行動中不斷解決困難，不僅能增強抵抗挫折的能力，也會使人更加自信。

掌握以上三點，並把它們應用到你的實踐中去，才能從根本上樹立學習的信心，那麼提高學習成績便是指日可待的事情了。

消除學習落後的自卑感

學習落後了，很自然的就會產生自卑感。此時重新獲得自信心、驅除學習上的自卑感才是最重要的事情。然而，在此之前，我們要先明白一件事情，那就是我們為什麼會在學習上產生自卑感。

產生學習自卑感的原因有很多，總結起來主要有五點：

一、有的學生記憶力差，理解能力也不是很強，所以在學習上比較吃力和被動，因而產生自卑感。

二、有的學生學習方法沒有條理，在課堂上也不注意聽課，抓不到老師講課的重點。如此一來，即便課後死讀書，卻仍然得不到理想的成績，因此喪失自信心，產生自卑感。

三、有的學生過於看重考試成績，在幾次失敗之後，學習情緒陷入了低谷。

四、某些家長對自己的孩子期望值過高，一旦達不到他們的要求，就會大聲訓斥，從而給孩子造成了很大的精神負擔。

五、有的學生因為性格孤僻，不願意和大家交流，常常把自己封閉起來，陷在自卑的陰影之中無法自拔。

針對以上的原因，我們應該找出對策，從而改善自己在學習上的自卑情緒。

第一，需要正確評價自己，擬定適合自己的學習目標。

第二，掌握一種或者幾種有效的學習方法。

隨著老師課堂上的講解，自己積極主動的去進行思考。當你能夠抓住學習上的主要重點的時候，就會輕鬆取得一個比較理想的成績。

第三，培養一個良好的學習習慣，正確看待考試的分數。

在每一次上課之前，預習今天所要學習的內容，上課專心聽講，課後認真完成作業，僅僅把考試當成是一個衡量你這一階段學習成果的標準。做到既重視考試，又不會把考試當成唯一的指標。

第四，還應該改變自己的性格。

積極主動的去和周邊的同學以及朋友們交流，如此一來，當你在學習上面遇到難題的時候，他們一定會和你一起共度難關的。

大家所熟知的世界著名音樂大師貝多芬幼年喪母，而父親則是一個酒鬼，貝多芬十七歲就挑起了生活的重擔，也因此失去了考大學的機會。他非常喜歡音樂，但是不幸的是，二十五歲的那一年，貝多芬的耳朵患病之後漸漸失去了聽覺。貝多芬何曾沒有過自卑，他曾經認為自己一生就此該畫上一個悲哀的句點。他也曾寫好遺書，準備以自殺來結束生命。然而，他終於醒悟過來了，決心「要扼住命運的咽喉」頑強的生活下去。

從此之後，貝多芬更加勤奮彈琴作曲，雖然他的耳朵聾了，但是他用整個身心來感受美妙的音樂節奏，就這樣，他以超人的毅力和堅強的自信心一直在努力工作，在耳聾之後還寫出了一系列著名的樂章，並且一舉成為馳名世界的音樂大師。

因此，克服學習上的自卑感，並不是什麼天方夜譚的事情。當你開始學著正視學習中的困難和挫折的時候，才能在學習中不斷提高自己的學習能力，最終取得一個令自己滿意的成績。

愛迪生曾告誡我們：「世界上沒有一種具有真正價值的東西，可以不經過艱苦辛勤的勞動而能得到。」只有經過勤奮努力，才能夠換來成果。在成績落後的事實面前，正確的態度是要冷靜的、客觀的分析自己落後的原因，然後採取積極的態度去克服學習上的各種不利因素，才能最終迎頭趕上去。

六種方法有效緩解緊張情緒

學習情緒緊張是由於長期處於學習的壓力之下，無法得到釋放，最終才形成緊張的情緒。想要釋放緊張情緒，最好最直接有效的方法就是勞逸結合。恰當的休息往往可以使你快速的從疲勞中恢復過來，繼續保持旺盛的精力去學習。

不久前，北一女的一名高二的學生說：「每天我發現周圍的同學都是在苦學，自己就覺得壓力很大，好像每一天胸口都有一塊大石頭壓著一樣，沉甸甸的讓我喘不過來氣，有什麼方法能調節一下嗎？」

也有一位國一學生說：「每當我看到監考老師拿起試卷，心就會『提』了起來，心臟狂跳不止，甚至手腳都變得冰涼，總是想上廁所。」

可見，學習壓力大已經成為了學生們的頭號心理問題。而且從現在的情況看，學生的心理問題主要有以下幾個方面：

小學階段——學習習慣不良（粗心、注意力不集中等）、行為習慣不良等；國中階段——學習壓力大、學習習慣不良等；高中階段——學習壓力更大、考試焦慮、情緒問題、人際交往障礙等。

一位國中學生說，她沒有任何娛樂的時間，總是在不停的學習，除了學校的作業，家長也會幫她安排很多的學習內容，這種學習的壓力和苦惱一點也沒辦法向家長和老師傾吐，而且，即使這樣努力的學習了，成績還是沒提高，在班級的成績是中等水準，所以她感到厭倦學習，很沒自信，有時候腦袋裡還會莫名其妙的產生一些奇怪的念頭。

我們難免都會因為某些事情或者是一些場景而出現緊張焦慮的狀況。當這種情況出現的時候，我們應該如何盡快消除它呢？下面就為大家介紹幾種好方法，相信你在嘗試過之後，一定會收到很好的效果。

第一，開心的笑。

專家曾經指出，當我們笑的時候，大腦能夠釋放出消除緊張情緒的內啡肽；而且笑還能夠讓人的軀幹、肺、心臟、背部等部位加速運動，從而刺激胳膊和腿部的肌肉活動。當你在一陣開懷大笑之後，心率減慢，血壓就會降低，肌肉也會放鬆，這會讓人感到很是輕鬆。

在學習壓力比較大的時候，不妨在下課十分鐘看一些笑話集，或者與同學們彼此開一些健康的小玩笑，只要能使自己保持笑口常開，就可以讓你從緊張的狀態下恢復過來，依舊能保持著正確的判斷力和學習能力。

第二，痛快的說出來。

情緒緊張，往往是內心已經被壓抑了太長時間，找不到合適的時間、地點以及對象去訴說。因此，為了不影響我們的學習進度，必須學會讓他人幫你分擔痛苦，當你把心中的不快講出來的時候，緊張情緒自會煙消雲散。而且，當你把自己遇到的煩惱講出來之後，說不定你的家人或者朋友能夠幫得上忙。

但如果實在不能夠講怎麼辦?那就寫出來之後，把它扔掉。或者是列出一個解決難題的時間表和方案，做計畫來告訴你自己什麼時候能夠處理難題，並且選擇最佳的措施。

第三，勤做深呼吸。

當一個人在緊張的時候，心跳就會加快，呼吸變得淺而急，如果這個時候你緩慢的做幾次深呼吸，那麼心情就馬上能夠平靜下來。閉上眼睛，不受任何干擾的深呼吸三到五次，你便會在頃刻之間感到整個身心的放鬆。

第四，洗個溫水澡。

晚上回家之後，在上床睡覺之前洗一個溫水澡。溫水能使血液循環加快，肌肉放鬆，有益於睡眠。而且在洗澡的時候，我們可以用自己最舒服的姿勢躺在水裡面，閉上眼睛，對身體上的各個部位進行按摩放鬆。這可以很大程度上減輕你的疲勞感，而後的良好的睡眠也是緩解情緒緊張的一劑良藥。

需要注意的是，洗溫水澡的時候，水溫以四十度最為合適。

第五，外出散散步。

早在幾十年前，人們就已經發現，散步十五分鐘的鎮定效果要比鎮靜劑好得多。散步的時間不一定要選在午後和傍晚，雖然這兩個時間是最好的散步時間。但我們散步的目的主要是為了舒緩心情，所以當你感覺到壓抑的時候，就應該到公園或開闊的地方去走走。自然呼吸，自由擺動雙臂，這樣能放鬆肩膀、脖子和背部肌肉這些容易緊張的部位。在放鬆身體的情況下，你的心情也會有所好轉。

第六，聆聽音樂。

在心理學上，音樂治療已經成為了一個獨立的治療手段而收到了人們的喜愛。不同的音樂可以引發我們不同的情緒，音樂不僅能夠激發人們的潛能，更可以在不知不覺中起到舒緩緊張情緒的效用。溫和的曲調，最適合放鬆身體；節奏鮮明的樂曲則會給人心曠神怡的精神感受。因此，當我們感到壓力倍增，從而造成自己情緒緊張的時候，不妨戴上耳機聽一段自己喜歡的音樂，這樣既可以讓大腦得到暫時的休息，也是一種緩解緊張情緒的好方法。

當你把這六種方法一一試過之後，是不是已經感覺輕鬆了許多？那麼接下來，還是讓我們盡快投身到緊張且有趣的學習之中吧！

從三方面正確對待偏科問題

一個水桶盛水的多少，並不取決於桶壁上最長的那塊木板，而恰恰是取決於桶壁上最短的那塊木板，這便是著名的「水桶原理」。由此說來，決定學習成績高低的科目並不是我們有優勢的科目，而恰恰是我們自己不感興趣的弱勢科目。其實，即便是學習成績十分優秀的學生，也存在著偏科現象。

自從上國中以後，不知道是因為學習的科目多了，還是自己根本就對學習的科目不感興趣，北市一所國中的王婷芳同學和他的家長就因為學習上偏科的問題大傷腦筋。

王婷芳的文科成績在班上名列前茅，但是她的理科成績一直不理想，位列班上的中下游。為了使孩子的理科成績有所突破，父母還特意請來了具有豐富教學經驗的兩位教師做王婷芳的家教，可是眼看一個學期過去了，王婷芳依然提不起理科科目的學習興趣。

還有一位同學是建中高二的學生，他說在自己剛上高中的時候，他並不偏科，各科成績都還不錯。但是沒過多長時間，文科成績就一路下滑，特別是國文，他幾乎已經達到了十分討厭的程度。那些在他看來晦澀難懂的古文，他已經懶得再看一眼；而且他每次面對老師所出的作文，總是束手無策。

還有一個叫雅娟的孩子，她的文章寫得不錯，常有作文能見報登出，可是她的父母卻很煩惱，原因也是因為她的偏科。她國文總能拿高分，可是其他的科目，尤其是理科卻總是拖了雅娟的後腿。「國文再突出，又有什麼用呢？一條腿長一條腿短還是跑不快的啊！」談起孩子，她的父母總是憂心忡忡。

由於偏科，雅娟在學校也受到了冷落。除了國文老師待她很熱情外，其他的任課老師對她一點感覺都沒有。而且由於偏科的拖累，雅娟的總分經常處於中下游的水準。

雅娟的父母為了能夠讓孩子的成績全面發展，可以說是費盡心機，不但請富有經驗的老師做家教，還送她上補習班，到書店買來各種參考書。但她似乎對父母的所作所為並不領情，作文依然寫得令人讚賞不已，但一見公式、方程式就束手無策。由於壓力太大，原本活潑開朗的雅娟現在卻變得自怨自艾，整天悶悶不樂。

最後，這些偏科的同學們都說「我們也不想偏科，但自己就是對一些科目不感興趣。」這是他們的心裡話。

偏科，首先是一個心態上面的問題。當你對某個科目不感興趣的時候，自然不會再在上面多下工夫，所以考試分數也必定不會太高。那麼，我們應該怎麼樣去看待自己的偏科問題呢？

第一，我們應該認識到，偏科是正常的現象。

每一個人都有自己擅長的地方，也有自己不擅長的地方。有的人在數理化、邏輯推理方面特別出色，但在文學、地理、歷史等文科知識方面則可能不那麼擅長。有的人文理兩方面都很好，但在藝術或體育等方面不一定擅長。總之，一個人不可能什麼都做得很好，因為人的精力總是有限的。十個手指伸出來也總是有長有短，不可能一樣長。所以，存在偏科現象是正常的，我們沒有必要因為自己有一、兩個弱勢的科目而沮喪，否則長此下去很有可能還會影響到優勢科目的成績。

第二，積極尋找偏科的原因。

形成偏科的原因很多，我們應該認真去尋找導致自己偏科的原因。一方面隨著我們的成長，所學科目也越來越多，但是我們不可能對每一個科目都產生濃厚的興趣。每個人的成長經歷不同，自然也會對不同的科目產生興趣。此時，我們需要做的是從自身上面找原因，學會去調整自己的興趣點，盡自己最大的努力把劣勢科目的成績有所提升。

另一方面，造成我們偏科的還有許多客觀原因。如該科老師的授課方式和自己的學習方式有衝突，或者是受到一些不正確觀點的影響而對某些科目產生偏見等等。我們在學習的過程中，應學會從整體上去看問題，要明白學習是一個連貫的具有相關性的過程，任何一門科目學不好，都會連累其他的科目。明白了「木桶原理」，才會正視自己的偏科現象，也才會從原因上給予改正。

第三，在學習方法上也應該多注意。

在克服了對偏科的認識問題之後，那麼在學習方法上應該注意些什麼呢？

一、**「從短到長」學習不擅長科目**。

凡是不擅長的學科，大都是我們不感興趣的科目。假如一開始你就投入大量的時間在上面，很有可能不僅收不到良好的效果，還會造成時間的浪費，從而打擊到自己的自信心。所以，先用短少的時間去學習劣勢科目中的一個小章節，弄懂了之後再漸漸去增加自己的學習範圍和學習時間。

二、**從最簡單的題目入手**。

對於自己不擅長的科目，不要一開始就選那些太難的習題去做。應該從簡單一些的習題入手，並且牢牢掌握課本上面最基礎的知識，在確保自己對簡單的題目已經完全掌握之後，再適當提高題目難度。

三、**尋找知識的盲點**。

即便是自己不擅長的科目，你對它也不可能一無所知，真正影響該科成績的是其中幾個重要的知識點你沒有理解清楚。因此，在劣勢科目中尋找到這些處在關鍵的知識點，逐個進行突破和強化，等你攻破這些知識上的盲點時，就會發現原本的弱勢科目已經不再是把自己總分拉低的科目了。

在正確認識了偏科現象之後，一定要勇敢的面對它，積極去改變這種造成自己總體學習成績無法提升的現狀。只有這樣，才能把最短的那塊「木板」補起來，讓學習的「水桶」裝滿知識之水。

第五章　及時進行知識鞏固

尋找重點複習法

「溫故而知新」，想要提高複習的效率，從複習的過程中獲得新知識，就要從快樂複習的概念出發，在正確理論的引導下去做複習。

第一，要樹立明確的目標。

複習的目標，我們可以大致概括為：

一、提高複習的有效性

想要提高複習的有效性，需要我們在複習的時候，必須以學過的知識作為基礎，在打好基礎的前提之下，循序漸進，把主要精力放在多練習和加強基本功上面。考試的考題「萬變不離其宗」，這裡所說的「宗」，就是理論基礎和應變能力。

二、用「超級學習法」法來複習

所謂「超級學習法」，我們要分成四步驟：

第一步，認真閱讀，仔細思考，並且隨時準備查閱相關的資料，不給自己留下知識的死角。

第二步，要及時複習前一天所學習的內容。因為人的遺忘規律是先快後慢，及時複習往往可以起到鞏固知識的作用。

第三步，複習前一個星期所學的內容，並且還要把第一步所獲得的相關的資料進行歸納整理，再一次加深自己的印象。

第四步，複習前一段時間所學過的內容。如果此時還有不熟悉或者出現理解錯誤的地方，一定要加倍注意。

三、主打中、低階試題

考試具有選拔性，因此並不是每一道題目都是我們能夠解出來的。在複習的過程中，我們往往會陷進一個誤區，認為在難題、冷僻題目上面多下工夫，就可以解出答案來。但是恰恰相反的是越難的題目越是不容易複習，這在很大程度上會打擊到我們的自信心。在最後複習的一段時間裡面，想要大幅度提高自己的成績的想法並不現實。我們應該根據自身的情況，把基本功準備扎實了，再從較難的題目中尋求分數上的突破才是正理。

就拿國文基礎知識的複習來看，其實只要把握好以下五個方面，就能夠很好的掌握所學知識。

（一）語音。需要注意三點：不讀聲旁的形聲字；常見的破音字；受錯誤習慣影響而經常讀錯的常用字。

（二）字形。需要注意兩點：第一是音同而形不同的字；第二是形似而經常寫錯的字。

（三）標點符號。在考試當中，被出題比較多的通常是問號、引號、頓號和書名號。

（四）詞語。重點考雙音合成詞和成語。雙音合成詞的複習主要還是應該把辨析近義詞和同音異義詞作為重點。成語的複習重點則是那些容易搞混、經常用錯的成語。

（五）句子。考到最多的就是六種病句，而一般命題重點在於是否能發現其搭配不當，比如主謂搭配不當等；還有重複多餘，缺賓語，缺主語等；以及表意不明，首先是有歧義，其次是指代不明等；結構混亂，主要是句式混雜。

第二，複習要抓住有效的方法。

在具體的複習過程中，只要是採取了行之有效的辦法，那麼複習就可以起到事半功倍的效果。

一、聯繫要有針對性

想要把知識轉化為能力，就需要多角度、多層次的進行練習。因為練習是溝通知識和能力的橋梁。雖然我們反對「題海戰術」，但是如果沒有一定數量、一定品質的練習題庫，那麼複習的思路就無法打開，所學的知識也就無法靈活應用，想要融會貫通也就比較難了。所以在練習的時候，我們一定要注意練習的典型性、針對性、系統性、層次性、應用性，要在練習當中總結各種不同類型題目的解題方法。

二、複習要找準重點在哪裡

在解題的時候，需要注意三方面的問題：第一是鞏固知識；第二是查補缺漏；第三是對試題當中一些普遍性、規律性的東西進行歸納和綜合，比如說題型、提問角度、解題方法等。

在做題的時候，我們不要過多的去考慮解題的結果，重點是去研究分析解題的方法、思維的邏輯性等。一道題解不對，或者答不全，除了基礎知識和心理因素之外，其中很重要的一個原因就是分析資料不全面，思考問題缺乏一定的條理性，如果我們能夠在這些問題上面仔細研究和分析的話，那麼再一次答題的時候，就變得得心應手了。

明白了複習做題的重點，才能夠在解題的過程中，對自己所掌握的知識進行查漏補缺。

最後，複習還不能離開課本。學會有效的使用課本，可以讓我們抓準課程所要訓練的重點，這是力求自主學習的基礎和前提。

透過循環記憶法鞏固知識

我們可以把所要記憶的資料分成若干的部分，合理的分配每部分所要記憶的時間，進行反覆鞏固循環的記憶，這就是所謂的循環記憶法。

我們知道，記憶是按照先識記再到複習保存記憶，最後到認真提取這一個程序來進行的。我們在學習記憶的過程中，必須要把握好這幾個環節，而我們透過循環記憶法在實際應用中，就能很好的展現這個特點，當然這也是一種最佳的機械記憶方法。

循環記憶法的應用是廣泛的，很多人都在透過這個方法鞏固知識。下面我們以識記英語單字為例，把循環記憶法的一些原理和實施的過程告訴大家。

在學習的過程中，我們必須要結合記憶的規律和特點，這樣才能舉一反三的應用到其他的知識記憶中去。

比如我們現在要記住五十個單字，那麼我們的步驟就可以這樣進行：

第一，先把單字分成五個一組，這樣共有十組單字，並做好分組記號。

第二，先識記第一組單字，每個單字識記兩遍，並且要控制好時間，盡量去記住。然後把這五個單字再複習一遍，不管記住沒有，這樣一來，每個單字我們就可以記三遍。

第三，識記第二組的五個單字，先分別識記兩遍，再把五個單字複習一遍，每個單字也是記憶三遍。

第四，我們這時要回過頭來，把第一組和第二組的十個單字再複習一遍。因為這時，我們的遺忘曲線正在迅速下滑，所以要及時進行知識的鞏固，避免做無用功。這樣我們就是第四次記憶這些單字了。

第五，開始識記第三組的單字兩遍，緊接著再複習一遍。

第六，識記第四組單字，之後再複習一遍。

第七，回過頭來，把第三組、第四組的單字重新複習一遍，加強記憶的牢固度。

第八，我們從第一組到第四組，再整體複習一遍，這樣，第一組到第四組的每個單字我們相當於記憶了五遍。

然後我們可以仿照第一組到第四組的步驟，再接著往下面進行單字

透過循環記憶法鞏固知識

的識記，然後再回過頭來對單字進行複習，這樣我們就能牢牢的記住這些單字了。

我們也可以把已經學過的單字和生字聯繫起來，這其實是一個非常重要的擴充詞彙的手段，更是鞏固詞彙記憶的重要手段。

具體的方法是，有很多單字可能形近、或者是音近、或者是義近，那麼就比較容易產生混淆，但是我們恰恰可以透過把這些詞彙放在一起，從而把他們真正的記住，並且進行區分。

當然，除此之外，我們還可以採用分割單字或者利用諧音來進行記憶，這也是背單字的樂趣之一。可能有的學生對這種方法非常不認同，但是為了能記住單字，也就無所不用其極了。

進行單字的分割，其實也就是不管它是不是詞綴，我們都可以把它拆開，用自己的聯想進行記憶，這樣一來就變得比較好記多了。

課後鞏固知識的妙招

課後鞏固知識的妙招用一段話來概括就是：課後整理課堂筆記，及時進行複習並嘗試著對課堂所學知識進行回憶。

具體的方法是：

第一，當我們在下課之後，要根據自己的記憶把上課時候所記錄的筆記整理一下，漏下的筆記一定要補充完整，在此基礎上再進行歸納和分析。

第二，先不要著急寫作業，而是應該對老師這一節課所講的內容進行一下回憶，看看自己到底還能記住多少課堂上剛剛學過的知識。

我們可以拿起紙和筆，一邊回憶一邊往紙上寫出本節課所學的重點和難點。自己想想這一節課有幾個問題比較重要？哪些該理解的知識點自己理解得還不是很清楚。邊回憶邊把重點寫出來。

對於那些你想不起來的地方，其實也就是你沒有把握的地方，這些地方通常就是知識的死角和學習的漏洞，造成這些問題出現的原因是多方面的，比如預習的疏忽和聽課走神等等。我們這時一定要把不清楚的地方理解清楚，理解完了再去看書，再去查閱相關的資料，這時你會自然而然把回憶不起來的部分作為看書和整理筆記的重點，注意力也會有所方向，目標明確，記憶的效果明顯就高於直接看書的效果。

第三，盡可能的做到當天學習的知識當天複習。

這樣做不僅增強了我們的記憶力，還能培養愛動腦筋、遇到問題主動思考的好習慣，讓我們從被動學習變為主動學習。透過複習還能明確我們做作業的目的，提高做作業的效率，使做作業一事轉變為感受和體驗成功、增強自信心的有效途徑。

我們在做作業之前，可以把老師講過的內容做一下回憶，這樣能讓我們更明白這一節課所講的內容，我們才能抱著一種透過做作業去求證的心態來進行學習，這樣我們的心情就會很舒暢，不會把做作業看成是煩惱。

在做作業的過程中如果遇到了問題，我們也會透過積極的思考來想辦法解決，隨著一個個問題的解決，我們對學習的興趣就會越來越大，探尋知識的好奇心就會越來越強，心情當然也會由鬱悶變得豁然開朗。

我們有的時候可能會出現交作業的時間很緊迫，在做作業之前沒有時間進行複習，這就需要你在做完作業後再抽出時間補上這一個環節。

我們預習、聽課、複習的最終目的不是為了交作業，而是為了學到知識，再把我們所學到的知識轉化為基本的技能。所以我們要先把知識鞏固好再去進行靈活運用。鞏固知識的方法很多，我們要隨機應變，不能過於制式化了。

提高記憶效率，牢記所學知識

人的記憶有著它特有的規律，任何急於求成、一蹴而就的想法和做法都是不對的，所以我們要在學習的時候踏踏實實、認真的來記憶所學知識。

其實，我們所學的大量知識的永久記憶都只是來源於一段長時間內的間歇重複。有人做了這樣一個實驗：一段資訊，如果要被人的大腦無意識的接收，並形成牢固的記憶，這段資訊在眼前出現的次數最少也要在十三次以上；可是如果這段資訊是有意識的被大腦接受，它出現的次數只要最多七次就可以了。

我們既然能夠記住一些知識，自然的我們也會遺忘一些知識。剛開始的時候我們遺忘的是比較快的，在經過一周以後遺忘的速度一點點的減慢。如果你在學習完一些知識以後不及時進行複習，經過七天以後，你將會忘掉七、八成的知識。所以這裡教大家一個好的記憶方法，讓你能夠合理安排記憶的時間，把知識牢記於心。

我們對於當天學習的內容至少要複習一次，最好能夠上午學習的知識下午複習一次，下午學習的知識晚上複習一次，到了第二天，我們再把第一天所學的知識複習一次，到了第四天再複習一次，第七天再複習一次。

前七天是最為關鍵的，換句話說，在學習中前七天的記憶力效果是最佳的，如果能夠把握好這七天的時間，我們就能把所學的知識進行長久的記憶。

心理學家曾經在研究記憶力的時候，他們做過這樣的一個實驗：把十二個單字排成了一行，讓被測試的人員來進行記憶，看哪個單字最容易被人們遺忘。

透過實驗結果表明，沒有一個人會記錯第一個詞和第二個詞，而在第二次詞之後，錯誤率就會比較多了，等到了第七、八個詞的時候，錯誤率變得更高，但是從這之後，越往後面錯誤率逐漸減少。第十二個詞的情形就幾乎和第二個詞一樣了，錯誤極少。透過實驗證明，排在前面和結尾的資料記憶效果是最好的，而這種情況在心理學上稱為「干擾理論」，它分為倒攝抑制和順攝抑制兩種。

現在我們可以把記憶的規律與我們平時的學習方法結合在一起，運用到我們平時的學習中去，具體的方法如下：

例如我們要學習新的課程，當我們在學習第一課的時候，我們是經過預習、聽課、複習、練習這四個步驟，這時我們第一課已經是學習了一遍了，又在做作業的時候複習了一遍。而大家需要做的就是在學習第二課之前先複習第一課的內容，然後再進行第二課的預習，這樣的話我們對於第二課其實已經提前學習了一遍，而對於第一課也就複習了兩遍。

如果這樣依此類推，我們就能在學習新知識的同時，也複習學過的知識，既節省了學習的時間，又提高了學習的效率，還鞏固了所學的知識。所以，我們在複習所學知識的時候，不妨利用這種方法來試一試，剛開始的時候可能比較困難，也會多花費一些時間，但是俗話說得好，「萬事不怕起頭難」，只要我們能夠堅持下去，就能夠達到長久記憶所學知識的效果，長期使用這種方法，我們一定能夠成為學習的高手。

三招學會複習，知識鞏固更牢靠

說起複習，特別是如何在考試前一週進行複習，這是關係到學生考試成績好壞的重要環節。

在這七天的時間裡，應該每天抽出七到八小時來複習考試課程，重點複習以記憶為主的科目，比如歷史、政治、外語等。

由於考試前一週的複習內容與之前的複習內容不一樣，它是屬於回憶性、電影式瀏覽過的複習，並不要求再將某些問題鑽研得多麼深、多麼透澈，而是要側重進行基礎記憶，比如理科的定理、定義、公式、基本概念等；以及書上面的典型例題；基礎知識部分、重點、難點；查缺補漏；也可以找一些題庫做一做，來活躍一下自己的思維。

但是同時需要注意的是，千萬不要再去找難題、偏題，因為這樣會降低自己的自信心，影響考前情緒。

下面針對主要的科目，具體講一下如何進行考前複習。

第一，國文。

最後一週「想」比「做」更重要，特別是要多想作文和前九道基礎知識題，看看老師總結出的基礎知識部分，尤其是生字、詞彙、文學常識等等。

第二，數學。

在最後一週，我們其實只需要做一件事——樹立自信心，這個時候必須自以為是，而不是「自以為卑」，當然，也應該把書翻一翻，熟記書本當中的公式、概念、法則、定理，就好像在腦中重播過電影一樣，再回顧瀏覽一遍。

第三，外語。

最後一週應該把詞彙表裡的單字重點記一下，重點檢查一下這些單字的特殊部分，即：書本之外、考試範圍以內的這部分。

有時間的話也可以練練書面表達，不要再做多餘的題目了，而應改成翻翻以前的試卷，仔細看看那些曾經錯過的地方，爭取降低錯誤率。

歸根究柢一句話，學習鞏固知識對於我們來說是至關重要的，特別是在考試之前，我們一定要對知識記憶牢靠，這樣才能有效的提高學習成績。

我們在複習的時候，可以把知識點分為三類：第一類是已經熟練掌握了的知識；第二類是初步掌握了，但是記憶還不牢靠的知識；第三類是根本還沒有掌握的知識。我們在進行知識鞏固的時候主要是要把那些初步掌握了，但是還沒完全掌握的知識點進行複習，也可以適當的涉及第三類的一些知識，第一類的知識我們就可以不去理會了。

複習鞏固知識按照以下步驟進行可事半功倍。

第一，我們一定要制定合理的複習計畫。

其實，我們進行知識鞏固的時間並不需要很長，但是由於科目很多，內容也很繁雜，所以我們必須要制定一個合理的複習計畫。即使我們以前制定過了複習計畫，也要根據不同的科目來重新審視自己的複習計畫，對不合理的地方要進行調整，並做到長短計畫相結合，讓我們的複習能夠有序、有效的進行。

第二，我們要運用正確的複習方法。

面對大量而複雜的複習內容，我們還要有個正確的複習方法才行。正如學習方法一樣，複習的方法也不是唯一的，更不是通用的，一定要根據我們的自身情況來決定。

老師上課所講的都是一個個的知識點，有時還會把一個較大的知識點進行分解。那麼我們在複習的時候，如果不善於總結和歸納，知識在我們的腦海裡只能是一個個的珍珠，我們應該及時給把它們串起來，這樣才能把知識靈活運用，這也是我們鞏固知識的目的。

當然我們首先一定要注意要認真的把書重新讀一遍，把課本讀熟。我們要以複習大綱為依據，認真看書，認真看筆記，認真看自己以前曾做錯的題目，這樣在把邊把知識細讀的同時課本也就讀熟了。其次，要整理複習筆記，透過自己的思考，把知識點聯繫起來，並且要及時把它記下了，進行改正，避免以後還要浪費時間重新複習。最後我們一定要透過做練習題及時發現問題。知識鞏固好的目的就是為了運用。所以，在知識系統化之後，一定要及時訓練。

第三，要提高複習的效率。

首先，我們要整理好複習資料，我們要檢查自己的筆記是否完整，在各科目的學習過程中都用過哪些參考資料，各科目平時的試卷上曾經的錯誤等等。其次，我們的複習不僅要全面，更要抓住重點，千萬不能分不清主次。因為我們每天複習的時間並不是很長，所以要想在這麼短的時間內迅速提高，就必須分清主次，抓住重點。

做好知識的鞏固，不僅能為我們答題打下良好的基礎，同時還可以消除我們學習的緊張情緒，這樣我們的知識才能鞏固得更牢，學習效率才能顯著提高。

邊學邊問，知識更加鞏固

每次下課的時候，有一部分同學會跑出去玩，還有一些同學會圍著老師問問題。時間長了我們會發現，喜歡圍著老師問問題的同學大多是優秀的同學。有的同學以前也不是很優秀的，但是就因為喜歡提問，成績也就越來越好。

學問本來就包含「學」和「問」兩個方面，現在有的人只知道「學」，而不知道「問」。陶行知說：「做學問就是要學又要問。」如果我們光學不問，那麼學問只做了一半；而光問不學，也是只做了一半，只有又學又問才是最完整的學問。

孔子從十五歲的時候就開始發奮讀書，因為沒有人教他，所以他在讀書時遇到不懂的問題就去請教別人。他「問禮於老聃」，「學琴於師襄」，還曾經求教過一個只有七歲的小孩。

有一次，孔子到太廟去參加祭祀的典禮，因為是第一次參加，所以在祭祀的過程中，遇到的每一件事情都要需要問人，孔子從祭祀用的牛羊，一直問到舉行儀式所伴奏的音樂。等到祭祀完畢的時候，人們都忙著回家的時候，他還抓著別人的衣袖不放，繼續請教一些還不明白的問題。別人看見他老是打破砂鍋問到底，就給他取了一個綽號叫「每事問」，到了後來勤學好問的孔子，終於成為了大學問家。

當然，好問不代表能亂問，要問得有意義、有價值才行，所以我們應該注意以下幾點：

第一，向誰問。

只要是有長處的人，我們都應該向他們學習。韓愈曾經說過：「聖人無常師。」比己強者，等於己者，不如己者，均可以問。但是在一般情況下，你得了解被問的人確實有其長處。如果面對一個素不相識的人，你尚不知道他是否有長處，就向他請教問題，就不太妥當。

第二，不恥下問。

我們不能因為向不如自己的人請教問題而感到羞恥。想要請教別人，就不能愛面子。為了學到知識，就算是受些羞辱，也要不恥下問，這樣不僅增長了知識，還拓寬了自己的胸懷，可以說是一舉兩得的好事。

第三，先問自己，再問別人。

陳景潤說：「不要一遇到不懂的東西，馬上就去問別人，不要自己不動腦筋，專門去依賴別人，而是要自己先認真的思考一下，這樣就可以依靠自己的努力，克服學習中的某些困難，對經過很大的努力仍然不能解決的問題，再去虛心請教別人，這樣我們往往會受到更大的益處。」

第四，要一問到底。

在學習的過程中，我們要建立在認真讀書的基礎上，多思考，多發問，清朝的著名學者鄭板橋說過，「讀書好問，一問不得，不妨再三問，問一人不得，不妨問數十人，要使疑竇釋然，精理迸露。」

提高複習效率的五妙招

怎麼才能讓複習的效率高呢？下面總結了六個要點。

第一，圍繞中心，及時複習，鞏固知識。

複習的首要任務就是要鞏固和加深對所學知識的理解和記憶。首先我們就應該根據課本的知識體系確定好一個核心內容，並且把主要的精力都集中在課本的這一中心、重點和難點上。我們要有不真正弄明白，絕不放鬆的心態。其次，要及時鞏固，防止遺忘。

曾經有一位教育學家說：「與其借助複習法去恢復記憶，不如借助複習去防止遺忘。」複習最好能在遺忘之前，如果在遺忘之後的話，鞏固知識的效率就會降低了。

第二，查缺補漏，保證知識的完整性。

我們在平時的學習過程中，難免會出現理解或者是記憶上的知識缺漏，而我們透過複習，一旦發現了問題，就能夠做到及時彌補，並且加強對薄弱環節的複習，這樣學到的知識才能更扎實。事實證明，凡是重視複習的同學，他們都會經常對知識做查缺補漏，以獲得更加完整的知識。

第三，先回憶，後看書，增強鞏固效果。

我們在複習的時候，先不要著急著看書，而是要把老師講課的內容回想一遍，把一些相關的概念、基本知識先默寫一遍，然後再把課本和默寫筆記互相對照，哪些對了？哪些錯了？哪些沒記住？這些我們都要去思考，想一想為什麼會錯，為什麼會遺忘，針對這些問題再看書學習，這樣才能在我們的腦海中留下深刻的印象。這種方法既可以檢驗我們的聽課效果，增強記憶力，又可以讓我們的複習能夠目標明確，做到有的放矢。

第四，看參考資料，適當拓寬知識面。

我們在課後鞏固知識的時候要看一些參考資料。對於參考書，我們要精選，不宜貪多，最好能夠做到每門功課選一本就好。我們在看參考資料的時候要和課堂學習同步進行，也就是說圍繞老師講課的重點和自己沒有掌握的知識以作為重點。我們還要將參考書和課本對照起來看，以掌握課本知識為主，再適當加深加寬對書本知識的理解。

第五，整理筆記，讓知識更有條理化。

我們要邊進行知識鞏固邊整理筆記，主要是補充聽課時自己漏記的要點或者複習時的一些心得和體會；還要概括各課程的要點，寫出內容摘要；要學會梳理知識，抓住知識之間的關聯，理清條例與提綱。

當然，我們在進行知識鞏固的時候還要注意一些問題：

第一，掌握好複習的時機。

及時複習比推遲複習效果要好得多，但是也不是越早越好。複習的最佳時間並不是固定的，它要根據個人的學習習慣、以及所學課程和難易程度來決定。

第二，複習安排要合理。

一般情況下，我們通常有集中複習、分散複習、穿插複習這樣三種複習形式。而課後複習通常又比較分散，需要我們反覆的進行，就好像是英語單字、國文的課文背誦一樣，一定是要多次依靠集中複習來進行鞏固記憶的。

第三，先自己思考，後相互討論。

我們在進行知識鞏固的時候，要以個人鑽研、獨立思考為基礎，這樣我們才能培養自己的思維能力，提高鞏固知識的效率。

打好基礎，讓知識更牢固

如果我們的基礎打得牢固，學習的主動性強的話，要注意不要太過自滿，以免造成眼高手低的現象，從而忽略了對基礎知識和基本技能的掌握，而是變相的熱衷於那些高難度的題目。這樣很不利於我們對所學知識的鞏固，知識鞏固還是要注重基礎，特別是最基本的知識點，一定理解清楚且牢牢的記在心裡。

我們一定要記住，千萬不要捨本逐末，因小失大。因為我們只有把最基礎的知識掌握牢靠了，才能更好的深入學習。這就和建高樓一樣，只有地基打得好，高樓才能建設得又高又牢固。

如果我們對基礎知識掉以輕心，就會在考試的時候造成不必要的失分，如果有難度的知識沒有掌握，就會造成無法彌補的損失。所以我們即使在平時的學習再好，也一定要把主要精力放在鞏固基礎知識和運用這些知識上。就算我們的目標再高遠，也要腳踏實地的從基礎做起。

張明斌是一位好學生，從小學五年級開始，就非常注重基礎知識的累積，特別是在國文學習方面。他說：「平時自己很喜歡看一些世界名著、百科全書，並把其中覺得特別有價值的知識記錄下來，日積月累就是一筆知識財富。」

也正是這樣，張明斌有了非常扎實的國文基礎知識，這讓他受益匪淺。在期末考國文考試中，張明斌的國文成績達到了九十八點五分，也就是說，她的國文試卷僅僅丟掉了二點五分，成為了全校的最高分。而事後，張明斌談到國文考試時，非常自信的說：「所扣除的二點五分肯定是在作文上，因為我的基礎知識部分友自信全都答對。」

而對於數學，這是張明斌的薄弱學科。但是他對數學學習有著自己獨特的方法。他說：「在學習數學時，我會從一些最簡單的題目做起，在做每一道題時我都會非常用心的想一想每一步驟的原因，有時甚至會記住重點題目的解題思路和答案，在遇到相似題目時我也會努力的尋找它們之間的聯繫。」

在外語方面，張明斌認為外語學習不應該是死記硬背式的學習。張明斌非常善於在頻繁的閱讀中記憶，而且張明斌從來不會特地抽出時間來背單字，他總是在大量的閱讀中依靠單字的讀音來記住單字。

俗話說：「功到自然成。」我們只要有毅力，就可能在學習的時候得到意想不到的收穫。當然，我們在進行強化記憶之前，要仔細分析我們的優點和缺點，讓我們能夠及時改正自己的缺點，充分發揮優點，這樣我們在學習的過程中才能不斷進步，不斷的超越自我。

就拿考試來說吧，基礎題、中等題和難題的占分比例約為三：五：二，也就是說，一張試卷百分之八十的分數都來自基礎題和中等題，所以我們越到快考試的時候，越是要鞏固基礎知識，把應該得到的分都拿到才對。

在知識的鞏固過程中，對知識僅僅是知道是遠遠不夠的，我們還要做到細緻扎實，任何細微的問題都不能放過。不能以為有些問題似乎太小了，考試的時候不會考到，就不去管它。事實上，每個知識都是由很多小的知識點組成的，有時每個知識點之間還有著緊密的關聯，所以我們一定要抱著認真仔細的態度，扎扎實實的複習所學知識。

我們要想在短時間內提高學習的效率，就要根據自己對知識的掌握情況量力而行，只有在基礎知識鞏固牢固了之後，才能去做一些有難度的題目。

第五章　及時進行知識鞏固

打好基礎，讓知識更牢固

如果我們總是把主要精力放在那些難題、偏題上面，不僅浪費了我們原本可以用鞏固基礎知識的寶貴時間，而且有可能還會給我們造成一定的心理壓力，從而影響自己的學習成效。

Precision learning

電子書購買

國家圖書館出版品預行編目資料

學習力開外掛：精準學習！學霸都在用的 41 項法則，打造高效率讀書心法 / 林裕祥，屠強 著 . -- 第一版 . -- 臺北市：沐燁文化事業有限公司 , 2023.09
面； 公分
POD 版
ISBN 978-626-7372-01-2(平裝)
1.CST: 讀書法 2.CST: 學習方法
019　　112012622

學習力開外掛：精準學習！學霸都在用的 41 項法則，打造高效率讀書心法

臉書

作　　者：林裕祥，屠強
發 行 人：黃振庭
出 版 者：沐燁文化事業有限公司
發 行 者：沐燁文化事業有限公司
E-mail：sonbookservice@gmail.com
粉 絲 頁：https://www.facebook.com/sonbookss/
網　　址：https://sonbook.net/
地　　址：台北市中正區重慶南路一段六十一號八樓 815 室
Rm. 815, 8F., No.61, Sec. 1, Chongqing S. Rd., Zhongzheng Dist., Taipei City 100, Taiwan
電　　話：(02)2370-3310　　傳　　真：(02) 2388-1990
印　　刷：京峯數位服務有限公司
律師顧問：廣華律師事務所 張珮琦律師

定　　價：250 元
發行日期：2023 年 09 月第一版
◎本書以 POD 印製